José Flume   Heide Huchel

SPRUCHZEIT.

Viele Worte sind lange
zu Fuß gegangen,
ehe sie geflügelte Worte
wurden.
Marie von Ebner-Eschenbach

ISBN 3-00-015006-4

Zweite überarbeitete Auflage 2005

Erste Auflage 2004

Umschlag, Satz und Redaktion: Heide Huchel, José Flume
Bilder: José Flume, Antje Huchel

Druck und Bindung: Druckerei Himmels, Heinsberg

Printed in Germany

José Flume
Heide Huchel

SPRUCHZEIT.

Inhalt

Inhalt

Einführung

Wörter, die nahe liegen, aber in die Ferne weisen, sind gute Wörter.
Chinesisches Sprichwort

Oftmals wirkt ein Zitat an der richtigen Stelle besser als das schlagkräftigste Argument.

Zitate begleiten mich schon seit vielen Jahren. Immer wieder bin ich fasziniert, nachdenklich oder erheitert, wenn ich auf ein neues treffsicheres Zitat stoße. Und jedes Mal bin ich verblüfft, wie einfach es scheinbar ist, einen komplexen Sachverhalt kurz und bündig, in nur einem Satz auszudrücken und doch die ganze Wahrheit zu erfahren.

Seit fast zehn Jahren teile ich diese Leidenschaft mit vielen Bekannten und Kunden, die jeden Sonntag von mir den „Spruch der Woche“ erhalten.
Eine Auswahl der schönsten Zitate dieser Zeit habe ich für Sie hier, gemeinsam mit Heide Huchel, die für die wunderschöne Aufmachung verantwortlich ist, zusammengefasst.

Die Rubriken helfen Ihnen die richtigen Worte zur richtigen Zeit zu finden. Einige Tipps, die Ihnen z.B. das Verfassen von Glückwunschkarten erleichtern, runden das ganze ab.

Soweit es mir möglich war, habe ich die Autoren beigefügt, doch bei einigen Zitaten konnte ich die Herkunft nicht mehr rekonstruieren.
Die entsprechenden Verfasser mögen es mir verzeihen.

Ich wünsche Ihnen viel Spaß beim Lesen und für die Zukunft immer die passenden Worte.

Ihre José Flume

Ein zauberhafter Beginn
Geburt & Taufe

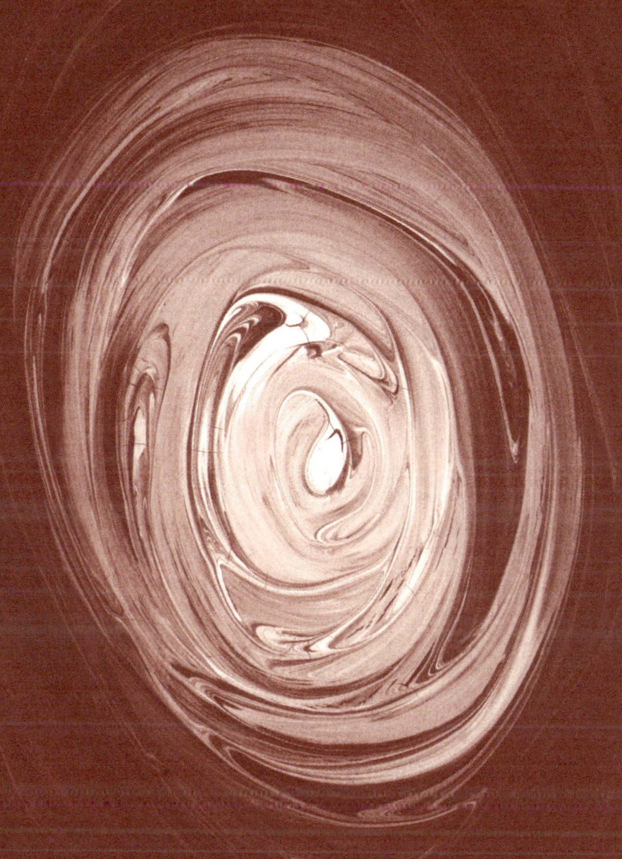

Ein zauberhafter Beginn

Abends wenn ich schlafen geh,
Vierzehn Engel um mich stehn,
Zwei zu meiner Rechten,
Zwei zu meiner Linken,
Zwei zu meinen Häupten,
Zwei zu meinen Füssen,
Zwei die mich decken,
Zwei die mich wecken,
Zwei die mich weisen
In das himmlische Paradeischen.
Nachtgebet aus dem 19. Jahrhundert

Willkommen auf der Erde und alles Gute. Dein Schutzengel möge wachen über dich jede Sekunde.

Sind die Kinder klein, müssen wir ihnen helfen, Wurzeln zu fassen. Sind sie aber groß geworden, müssen wir ihnen Flügel schenken.
Aus Indien

Die Geburt eines Kindes ist
wie die Entstehung einer neuen Welt.

Ein Kind ist ein Engel,
dessen Flügel im
gleichen Maße schrumpfen,
wie die Füße wachsen.
Aus Frankreich

Da werden Hände sein, die dich tragen,
und Arme, in denen du sicher bist;
und Menschen, die dir ohne Fragen zeigen,
dass du willkommen bist.

....dass du in deinem Leben offenen Händen begegnest; Händen die dich begleiten, die dir geben, die dich stützen; Hände, die lieben, die zärtlich sind und trösten können.

Wir können die Kinder
nach unserem Sinne nicht formen;
so wie Gott sie uns gab, so muss man
sie haben und lieben.
Johann Wolfgang von Goethe

Ein zauberhafter Beginn

Kinder – die lebenden Botschaften,
die wir einer Zeit übermitteln,
an der wir selbst
nicht mehr teilhaben werden.
Neil Postman

Einen Menschen erziehen heißt,
ihm zu sich selbst verhelfen.
Peter Altenberg

Gott hat das Weltall zu keinem
anderen Zwecke erschaffen, als dass
ein Menschengeschlecht und aus
diesem ein Himmel entstehe.
Emanuel von Swedenborg

Es ist ein Wunder, sagt das Herz,
es ist eine große Verantwortung, sagt der Verstand,
es ist viel Sorge, sagt die Angst,
es ist das größte Glück, sagt die Liebe,
es ist ein Kind, sagen wir.

Wir freuen uns mit euch und gratulieren von ganzem Herzen...

In jedem Kind träumt Gott den Traum der Liebe,
in jedem Kind wacht ein Stück Himmel auf,
in jedem Kind blüht Hoffnung, wächst die Zukunft,
in jedem Kind wird unsere Erde neu.

Das Glück eines Kindes beginnt,
lange bevor es geboren wird,
im Herzen von zwei Menschen,
die einander sehr gern haben.
Phil Bosmans

Am Tag,
an dem du geboren wurdest,
weinte der Himmel,
denn er verlor seinen schönsten Stern.

Ein Lieblingstraum, aus goldnen Nächten
Vortretend, schlank, in ernster Ruh,
Den Zauberschleier in den Rechten –
So schön bist du.

Mein Blick erstaunt und muss sich senken,
Mein Herz schließt alle Tore zu,
Dem Wunder heimlich nachzudenken –
So schön bist du.
Hermann Hesse

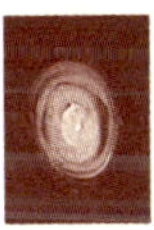

Ein zauberhafter Beginn

Für einen Moment hielt der Himmel
den Atem an und ein neuer Stern erstrahlte.

Kinder
sind eine Gabe Gottes,
dass sie zur Welt kommen,
ist ein Geschenk.

Geburt ist,
wenn sich Himmel und Erde begegnen.

Mit jedem Menschen ist etwas Neues
in die Welt gesetzt,
was es noch nicht gegeben hat,
etwas Erstes und Einziges.
Martin Buber

Drei Dinge sind uns aus dem Paradies
geblieben: die Sterne der Nacht,
die Blumen des Tages und
die Augen der Kinder.
Dante Alighieri

...mögen die Augen eures Kindes immer wie
Sterne leuchten...das wünschen wir euch.

Jedes Kind bringt die Botschaft,
dass Gott die Lust am Menschen
noch nicht verloren hat.
Rabindranath Togore

Wie köstlich ist deine Güte, Gott,
dass Menschenkinder unter dem Schatten
deiner Flügel Zuflucht finden.
Psalm 36,8

Das Neugeborene: das neue Zentrum,
die neue Sonne für das Planetensystem und
Spiel unserer auseinanderstrebenden Seelen.
Gerhart Hauptmann

Und jedem Anfang wohnt ein Zauber inne,
der uns beschützt und der uns hilft zu leben.
Herrmann Hesse

Ein Kind ist eine sichtbar gewordene Liebe.
Novalis

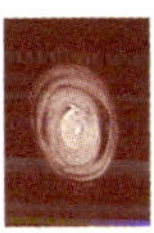

Die Geburt bringt nur das Sein zur Welt;
die Person wird im Leben erschaffen.
Jouffroy

Ein zauberhafter Beginn

Ein Kind ist kein Gefäß, das gefüllt,
sondern ein Feuer,
das entzündet werden will.
Francois Rabelais

**Willkommen kleines Menschenkind,
wir wünschen dir auf deinem Weg Menschen,
die dich in Liebe begleiten.**

Kind – eine Art Lebensversicherung -
die einzige Art der Unsterblichkeit,
derer wir sicher sein können.
Sir Peter Ustinov

Ich verzichte auf alle Weisheit,
die nicht weint, auf alle Philosophie,
die nicht lacht, auf alle Größe,
die sich nicht beugen kann –
im Angesicht von Kindern.
Kahlil Gibran

Mit Kindern vergehen die Jahre wie im Flug.
Doch Augenblicke werden zu Ewigkeiten.
Jochen Mariss

...von Herzen wünschen wir euch viele Ewigkeiten.

Kinder sind Hoffnungen.
Novalis

Im tiefsten Wesen eines Kindes
haben zwei einmalige Menschen
ihr eigenes Leben niedergeschrieben,
unauflöslich und für alle Zeit.
Ph. Bosmans

Geboren wird nicht nur das Kind
durch die Mutter, sondern auch
die Mutter durch das Kind.
Gertrud von Le Fort

Für Wunder brauchen wir Augen,
die sehen, und ein Herz,
das versteht für ein Wunder zu danken.

Kinder sind das höchste Gut auf Erden und ein besonderes Glück im Leben. Wir freuen uns mit euch und dem neuen Erdenbürger.

Das erste Glück eines Kindes
ist das Bewusstsein geliebt zu werden.

Der helle Stern
Kommunion & Konfirmation

Der helle Stern

Jeder ist jedermanns Verwandter, wenn nicht durch das Blut, so doch durch Taten und Gedanken.
Aus Simbabwe

Was dir auch immer begegne
mitten in dieser Welt,
es gibt eine Hand,
die dich segne,
es gibt eine Hand, die dich hält.

Mit Ernst und Freude hast du dich für heute vorbereitet. Wir wünschen dir, dass dieser große Feiertag dir Glück und Frieden bringe.

Mit Gott als Begleiter
verirrst du dich nicht,
denn ER ist der Streiter
für Wahrheit und Licht!
IHM sollst du vertrauen
und seinem Gebot;
auf IHN kannst du bauen
in jeglicher Not.
Friedrich Morgenroth

Zur Konfirmation
Die Glocken klingen hell und klar,
Da du heut' trittst vor den Altar
Zu weihevoller Feier.
Vorbei ist nun die Kindeszeit,
Das Leben vor dir decket weit
Der Zukunft dunkler Schleier.
O möchte deines Lebens Bahn
Dich führen allezeit hinan
Zu Höhen reinster Freude.
Not soll dich drücken nimmermehr.
Mögst du von jeglicher Beschwer'
Frei sein und allem Leide.
Dass so dein Leben, glückerfüllt,
Dein Hoffen all und Wünschen stillt,
Dir fernhält alle Schmerzen,
Dass dich erfreue alle Zeit
Das höchste Gut, Zufriedenheit,
Das wünsch' ich heut' von Herzen.

Gott sei dein Schutz –
Wenn wir die Hände falten, dann spüren wir:
Es gibt im Weltgetriebe drei Anker, die uns fest und sicher halten.
Die Anker heißen: Glaube, Hoffnung, Liebe.

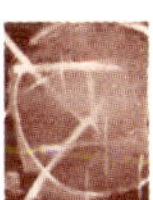

Der helle Stern

There are two ways of spreading light:
To be the candle or the mirror that's
reflects it.
Edith Wharton

Ein Engel ist jemand,
den Gott dir ins Leben schickt,
unerwartet und unverdient,
damit er dir,
wenn es ganz dunkel ist,
ein paar Sterne anzündet.
Phil Bosmans

Liebe(r)....wir wünschen dir viele leuchtende Sterne auf deinem Weg.

Wir finden Gott zweimal,
einmal in, einmal außer uns:
in uns als Auge, außer uns als Licht.
Jean Paul

Glaube ist nicht dunkle,
sondern vielmehr
hellste Wirksamkeit des Geistes.
Friedrich Hebbel

Glaube ist Liebe zum Unsichtbaren,
Vertrauen aufs Unmögliche, Unwahrscheinliche.
Johann Wolfgang von Goethe

Gott ist die Summe alles Lebenden.
Wenn wir auch nicht Gott sind,
so sind wir doch Teil Gottes,
so wie selbst der kleinste Wassertropfen
Teil des Ozeans ist.
Mahatma Gandhi

Wir sind Engel mit nur einem Flügel.
Um fliegen zu können,
müssen wie einander umarmen.

Menschen, die aus der Hoffnung leben,
sehen weiter.
Menschen, die aus der Liebe leben,
sehen tiefer.
Menschen, die aus dem Glauben leben,
sehen alles in einem anderen Licht.
Lothar Zenetti

**Du stehst heute am Tisch des Herrn.
Wir wünschen dir, dass alles dir gelingt, wie du
es dir selber wünschst am heutigen Tage.**

Glaubenssachen sind Liebessachen.
Es gibt keine Gründe dafür und dagegen.
Wilhelm Busch

Einst schuf Brahma die Welt und erfreute sich an seiner Schöpfung. Schließlich aber, nach Jahrmillionen, begann er sich zu langweilen. Deshalb dachte er sich ein Spiel aus:
Er spielte Versteck mit sich selbst. Da aber Brahma allmächtig ist, konnte er sich so gut verstecken, dass er Jahrtausende brauchte, um sich wieder zu finden. Das gefiel ihm so gut, dass er sich erneut versteckte. Darum wissen wir heute nicht, wo er sich gerade befindet. Er kann in der Vase dort auf dem Tisch sein oder im Baum im Garten. In der Musik, die du gerade hörst, oder in dir.
Wer weiß?
Aus Indien

Wenn du an Gott glaubst,
wird er die Hälfte
deines Werkes tun.
Die zweite Hälfte.
Cyrus Curtis

Dem Menschen einen Glauben schenken,
heißt,
seine Kraft verzehnfachen.
Gustav Le Bon

Gott gebe dir
für jeden Sturm einen Regenbogen,
für jede Träne ein Lachen,
für jede Sorge eine Aussicht
und eine Hilfe in jeder Schwierigkeit.
Für jedes Problem, das das Leben schickt,
einen Freund es zu teilen,
für jeden Seufzer ein schönes Lied
und eine Antwort auf jedes Gebet.

**Ich wünsche dir zur Kommunion/Konfirmation,
dass Gott dich beschütze auf allen deinen Wegen.**

Leben –
Einzeln und frei
  wie ein Baum.
Und alle gemeinsam
– wie ein Wald.
Das ist unsere Hoffnung

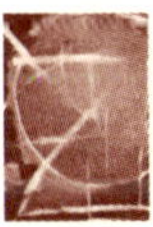

Der helle Stern

Glaube ist der Vogel,
der singt,
wenn die Nacht
noch dunkel ist.
Tagore

Mutig schreite in das Leben –
Gott wird seinen Segen geben.
Bau auf Gott und seinen Rat,
so gelingt dir jede Tat.

Glaube fest an Gott den Herrn;
glaube an sein Walten!
Niemals ist es unmodern,
sich an Gott zu halten.
Sei getrost: an Gottes Hand
hast du immer festen Stand.
Friedrich Morgenroth

Der Glaube an Gott
ist wie das Wagnis des Schwimmens:
Man muss sich dem Element anvertrauen
und sehen, ob es trägt.
Hans Küng

Für deinen Lebensweg wünschen wir dir Mut und Kraft.

Gott hat jedem Menschen etwas gegeben,
womit er andere glücklich machen kann.
Phil Bosmans

Gott geht unseren Weg mit.
Er hört, sieht und weiß.
Hanna Ahrens

Was wir sind,
ist Gottes Geschenk an uns;
Was wir werden,
ist unser Geschenk an Gott.

Glaube, Liebe, Hoffnung:
glaube, liebe Hoffnung.
Friedrich Hebbel

Christus steht nicht hinter uns
als unsere Vergangenheit,
sondern vor uns als unsere Hoffnung.
Friedrich von Bodelschwingh

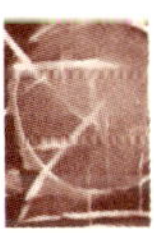

Gott beantwortet das Gebet
auf seine Weise,
nicht auf die unsrige.
Mahatma Gandhi

DU ALLEIN
Wenn einer zu dir kommt
und von dir Hilfe fordert,
dann ist es nicht an dir,
ihm mit frommen Mund
zu empfehlen:

„Hab´ Vertrauen und wirf
deine Not auf Gott"

sondern dann sollst du
handeln,
als wäre da kein Gott,
sondern auf der ganzen
Welt nur einer, der
diesem Menschen
helfen kann:
DU ALLEIN – SEI DU LICHT.

Dein Lebensweg sei bunt und hell, wie der heutige Tag – das wünschen wir dir.

Gott nimmt nicht die Lasten,
sondern stärkt die Schultern.
Franz Grillparzer

Gott kommt nicht,
wenn wir es möchten,
aber er kommt rechtzeitig.
Tennessee Williams

Wer Gott aufgibt,
der löscht die Sonne aus,
um mit einer Laterne weiterzuwandeln.
Christian Morgenstern

Teile dein Brot
und es schmeckt besser.
Teile dein Glück
und es wird größer.
Phil Bosmans

Du hast zwei Hände,
eine linke und eine rechte.
Strecke die eine Hand nach links aus
und die andere Hand nach rechts.
Versöhne die Menschen miteinander.
Phil Bosmans

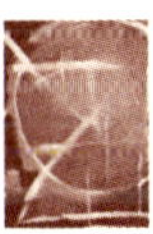

Wir wünschen dir, dass heute der erste Tag der besten Jahre deines Lebens ist.

Auf dem Weg zum Wissen
Berufs- und Schulabschluss

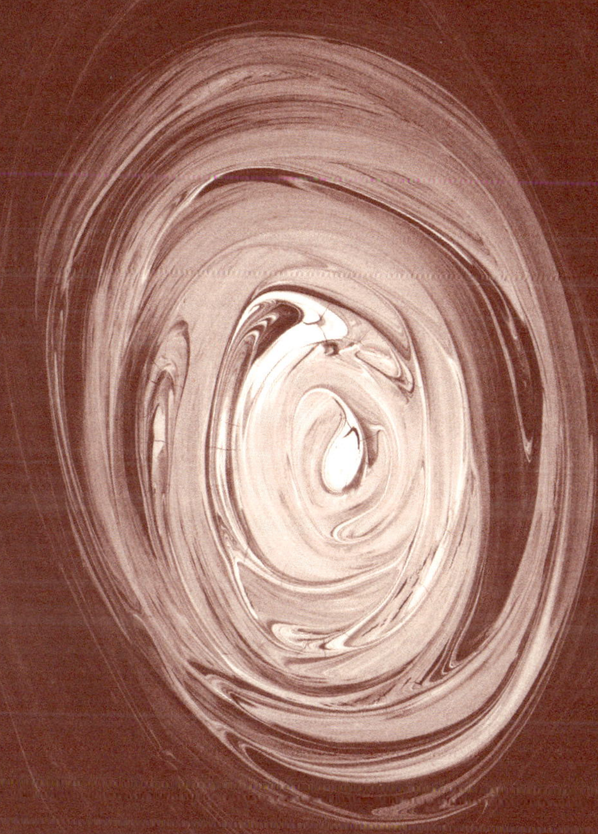

Auf dem Weg zum Wissen

Der Mensch ist,
was er als Mensch sein soll,
erst durch Bildung.
Hegel

Ich weiß, dass ich nichts weiß.
Sokrates

Lernen ist wie das Rudern gegen den Strom;
sobald man aufhört, treibt man zurück.
Chinesische Weisheit

So ein bisschen Bildung
ziert den ganzen Menschen.
Heinrich Heine

Wissen bedeutet
durch die Oberfläche zu den Wurzeln
und damit zu den Ursachen vorzudringen.
Erich Fromm

Was man weiß,
soll man als Wissen gelten lassen,
was man nicht weiß,
soll man als Nichtwissen gelten lassen,
das ist Wissen.
Kung Dsi

Sage nicht alles,
was du weißt,
aber wisse alles,
was du sagst.
Matthias Claudius

**...herzlichen Glückwunsch, liebe (r)...,
mach weiter so.**

Ich lerne vom Leben.
Ich lerne solange ich lebe.
So lerne ich noch heute.
Otto von Bismarck

Lernst du wohl,
wirst du gebratener Hühner voll.
Lernst du übel,
musst du mit der Sau zum Kübel.
Martin Luther

Wer nichts weiß, muss alles glauben.
Marie von Ebner-Eschenbach

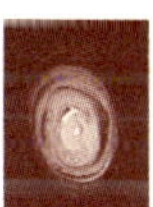

Wahre Universalität besteht nicht darin,
dass man vieles weiß,
sondern, dass man vieles liebt.
Carl Jacob Burckhardt

Auf dem Weg zum Wissen

Unser Wissen ist nicht vorhanden,
wenn es nicht benutzt wird.
Igor Strawinski

Was man von einer Sache denkt,
kann nie so gut sein wie das,
was man von einer Sache weiß.
Jean Paul Getty

Unser Wissen ist ein Tropfen,
was wir nicht wissen, ist ein Ozean.
Isaac Newton

Es ist ein Beweis hoher Bildung
die größten Dinge
auf die einfachste Art zu sagen.
Ralph Waldo Emerson

Die Bildung eines Menschen
zeigt sich am deutlichsten in seinem
Verhalten gegenüber Ungebildeten.
Hans Kilian

Alles Wissen besteht in einer
sicheren und klaren Erkenntnis.
René Descartes

Man lernt, um zu leben.
Man lebt nicht, um zu lernen.
Bruno Bettelheim

Wir gratulieren herzlich und wünschen weiterhin alles Gute für die Zukunft.

Sobald jemand in einer Sache Meister geworden ist, sollte er in einer neuen Sache Schüler werden.
Gerhart Hauptmann

Wär nicht die ganze Bildung da,
wo wären wir, ja ja ja ja.
Wilhelm Busch

Was man lernen muss,
um es zu tun,
das lernt man,
indem man es tut.
Aristoteles

Alles Wissen und alles Vermehren unseres Wissens endet nicht mit einem Schlusspunkt, sondern mit einem Fragezeichen.
Hermann Hesse

Auf dem Weg zum Wissen

Das höchste Ziel im Seinsmodus ist
„tieferes Wissen",
im Habenmodus „mehr Wissen".
Erich Fromm

...wir sind stolz auf dich und deine großartige Leistung.

Wer aufhört zu lernen, ist alt.
Er mag zwanzig oder achtzig sein.
Henry Ford

(Aus-)Bildung ist der beste Reiseproviant
für die Reise zum hohen Alter.
Aristoteles

Die einzige Gewähr für das wirkliche Wissen
ist das Können.
Paul Valéry

Gebildet ist der,
der weiß,
wo er findet,
was er nicht weiß.
Aus China

Die Wissenden reden nicht viel,
die Redenden wissen nicht viel.
Aus China

Das Wissen hat bittere Wurzeln,
aber seine Früchte sind süß.
Marcus Porcius Cato

Ich schäme mich nicht zu bekennen,
dass ich nicht weiß, was ich nicht weiß.
Marcus Tullius Cicero

Ich dachte ich hätte mich getäuscht,
aber ich hatte mich geirrt.
Jörg Flume

Bilde dich selbst,
und dann wirke auf andere durch das,
was du bist.
Wilhelm Freiherr von Humboldt

Für die Bildung ist nichts zu groß,
nichts zu klein.
Sie ist der Polpunkt für alles,
was man tun und was man lernen muss.
Li Liweng

Auf dem Weg zum Wissen

Der eigentliche Zweck des Lernens ist
nicht das Wissen, sondern das Handeln.
Herbert Spencer

...nach den Jahren des Lernens wünschen wir dir nun viel Erfolg beim Handeln.

Du gleichst dem Geist,
den du begreifst,
nicht mir.
Johann Wolfgang von Goethe

Die Aufgabe der Umgebung ist nicht,
das Kind zu formen,
sondern ihm zu erlauben, sich zu offenbaren.
Maria Montessori

Bildung ist die Fähigkeit,
Wesentliches von Unwesentlichem
zu unterscheiden,
und jedes ernst zu nehmen
Paul Anton de Lagarde

Ein Mensch ohne Bildung
ist ein Spiegel ohne Politur.

Das Wissen ist lang,
das Leben ist kurz,
und wer nichts weiß,
der lebt auch nicht.
Baltasar Gracián y Morales

Denken ohne Wissen
macht den Zufall zum Herrscher.
Werner Kollath

Bildung ist immer eine Bereicherung,
auch wenn sie nicht immer viel Geld einbringt.
Erhard Blanck

Eine Investition in Wissen
bringt immer noch die besten Zinsen.
Benjamin Franklin

Bildung macht den Menschen zu
einem guten Gesellschafter für sich selbst.
Thomas Fuller

Die Bildung des Geistes gibt erst
der Schönheit des Körpers einen Wert.
Aesop

Auf dem Weg zum Wissen

Man soll Denken lehren,
nicht Gedachtes.
Cornelius Gurlitt

Bildung ist die vollendete Natur.
August von Platen

**Liebe(r)....viele Jahre hast du gesät,
jetzt ist die Zeit der Ernte gekommen –
herzliche Gratulation zur....**

Ein Mensch weiß nicht,
was er weiß, bevor er weiß,
was er nicht weiß.
Thomas Carlyle

Es gibt nichts neues unter der Sonne,
aber es gibt eine Menge alter Sachen,
die wir nicht wissen.
Ambrose Bierce

Es ist nicht genug zu wissen,
man muss auch anwenden;
es ist nicht genug zu wollen,
man muss auch tun.
Johann Wolfgang von Goethe

Zusammen sein
Freundschaft

Zusammen sein

Auf den Wegen der Freundschaft
soll man kein Gras wachsen lassen.
Marie-Thérèse Geoffrin

Nichts kann den Menschen
mehr stärken, als das Vertrauen,
das man ihm entgegen bringt.
Adolf von Harnack

Ein Freund ist der, der die Melodie
deines Herzens kennt und wenn du diese
mal vergessen hast,
singt er sie dir wieder vor.

...es ist eine Freude,
dass wir unsere Lieder kennen.

Unter guten, seelenvollen Menschen
trägt sich die Last des Lebens leicht.
Novalis

Wer Freunde ohne Fehler sucht,
bleibt ohne Freund.
Buch des Kabus

Dasselbe wollen und dasselbe nicht wollen,
das erst ist feste Freundschaft.
Gaius Crispus Sallust

Ein wahrer Freund ist einer,
der kommt,
wenn der Rest der Welt geht.
Walter Winchell

Vieles kann der Mensch entbehren,
nur den Menschen nicht.
Ludwig Börne

Der einzige Weg, einen Freund zu haben,
ist der, selbst ein solcher zu sein.
Ralph Waldo Emerson

Der Sieger hat viele Freunde,
der Besiegte hat gute Freunde.
Aus der Mongolei

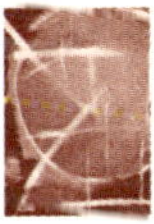

In unseren Freunden suchen wir,
was uns fehlt.
Martin Kessel

Die eigentliche Aufgabe eines Freundes ist,
dir beizustehen, wenn du im Unrecht bist.
Jedermann ist auf deiner Seite,
wenn du im Recht bist.
Mark Twain

Du weißt, dass Freundschaft keine Nutz-,
sondern eine Zierpflanze ist.
Alfred Polgar

Ein wahrer Freund ist einer,
der im Winter Badeurlaub
an einem sonnigen Traumstrand macht
und dir keine Ansichtskarte schickt.
Aus den USA

Lieber aus ganzem Holz eine Feindschaft,
als eine geleimte Freundschaft.
Friedrich Nietzsche

Toleranz und Freundschaft ist oft alles,
und bei weitem das Wichtigste,
was wir einander geben können.
Novalis

Ein Freund ist gleichsam ein anderes Ich.
Marcus Tullius Cicero

Ein wahrer Freund
trägt mehr zu unserem Glück bei
als tausend Feinde zu unserem Unglück.
Marie von Ebner-Eschenbach

In dieser wandelbaren Welt
ist etwas großes,
unwandelbare Freunde zu haben.
John Henry Newmann

..ich danke dir, liebe(r) ..., dass du an meiner Seite bist.

Es sollt' ein Freund eines
Freundes Schwächen tragen.
William Shakespeare

Ein Freund ist jemand,
der dich genau kennt
und trotzdem zu dir hält.

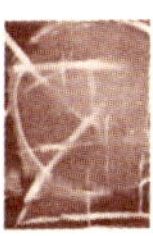

..für deine Treue, auch in schweren Stunden, danke ich dir.

Zusammen sein

Es gibt einige Freundschaften,
die im Himmel beschlossen
und auf Erden vollzogen werden.
Matthias Claudius

Die besten Freunde sind diejenigen,
mit denen man über dieselben Dinge
schweigen kann.

Wer unter Menschen nur Engel sucht,
der findet kaum Menschen,
wer aber unter Menschen nur Menschen sucht,
der findet gewiss einen Engel.
G.M. Saphir

Keine Straße ist lang mit einem
Freund an deiner Seite.
Aus Japan

Nur wer den anderen Menschen selber meint
und sich ihm zutut, empfängt die Welt.
Martin Buber

Freundschaft,
das ist wie Heimat.
Kurt Tucholsky

...wie schön, dass ich bei dir zu Hause sein darf.

Es ist halt schön,
wenn wir Freunde kommen sehen.
Wilhelm Busch

Freundschaft ist das schönste Geschenk,
das die Götter den Menschen verliehen.
Marcus Tullius Cicero

Liebe(r)....ich danke dir von Herzen
für die wunderbaren Jahre.

So notwendig wie die Freundschaft
ist nichts im Leben.
William Shakespeare

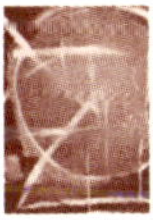

Wo befreundete Wege zusammenlaufen,
da sieht die ganze Welt für eine Stunde
wie Heimat aus.
Hermann Hesse

Jeden Tag ein bisschen weiser
Geburtstag

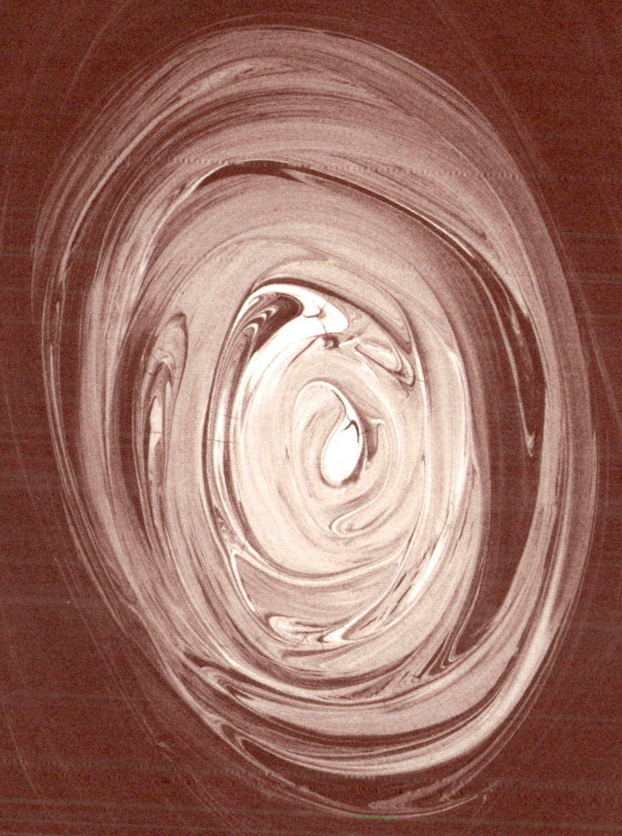

Jeden Tag ein bisschen weiser

Altwerden ist
das Geschenk der Möglichkeiten
zu späten Einsichten.
Max Mell

Wenn man genug Erfahrungen gesammelt hat,
ist man zu alt um sie auszunutzen.
William Somerset Maugham

Gib jedem Tag die Chance,
der schönste deines Lebens
zu werden.

...genieße besonders diesen Tag und die vielen,
die noch folgen werden.

Möge Gott auf dem Weg,
den du gehst,
vor dir hereilen –
das ist mein Wunsch für dich
und deine Lebensreise.
Mögest du die hellen Fußstapfen
des Glücks finden und
ihnen mit deinen Schritten folgen.
Segensspruch aus Irland

Nicht der Mensch hat am meisten gelebt,
welcher die höchsten Jahre zählt,
sondern derjenige, welcher sein Leben
am meisten empfunden hat.
Friedrich Rückert

An unserer Fähigkeit,
uns gelassen dem Leben hinzugeben,
lässt sich unsere Bereitschaft ablesen,
zu vertrauen.

Alternde Menschen sind wie Museen:
Nicht auf die Fassade kommt es an,
sondern auf die Schätze im Inneren.
Jeanne Moreau

Wenn man die Ruhe nicht in sich selbst findet,
ist es umsonst, sie anderswo zu suchen.
La Rochefoucauld

Es ist großartig,
ein bedeutender Mensch zu sein,
aber es ist großartiger,
ein menschlicher Mensch zu sein.
William Penn Adair

...danke, dass du ein großartiger menschlicher Mensch bist

Nicht die Jahre zählen im Leben,
sondern das Leben in den Jahren.
Adlai E. Stevenson

...wir wünschen dir noch viel „Leben" in den Jahren.

Erfahrungen sind Maßarbeit.
Sie passen nur dem,
der sie macht.
Carlo Levi

Verstehen kann man das Leben rückwärts;
leben muss man es vorwärts.
Søren Kierkegaard

Leben ist das, was passiert,
während wir andere Pläne machen.
John Lennon

Denke immer daran,
dass es nur eine allerwichtigste Zeit gibt,
nämlich sofort.
Leo Tolstoi

Ein Blick in die Vergangenheit hat nur Sinn,
wenn er der Zukunft dient.
Konrad Adenauer

Glücklich ist der Mensch,
der dem Glück
nicht hinterher rennt wie einem Falter,
sondern dankbar ist für alles,
was ihm gegeben wird.
Phil Bosmans

Die Idee vom Leben
Zeit zu haben, die Zeit vergessen zu können
Zeit zu haben, zu sehen und zu erkennen
Zeit zu haben, zu hören und zu erfühlen
Zeit zu haben, zu weinen und zu lachen
Zeit zu haben, achtsam zu sein
Zeit zu haben, glücklich zu sein.
Richard Erlewein

...dir, liebe(r)....eine glückliche Zeit.

Erfahrungen sind wie Samenkörner,
aus denen die Klugheit hervor wächst.
Konrad Adenauer

Jeder,
der sich die Fähigkeit erhält,
Schönes zu erkennen,
wird nie alt werden.
Franz Kafka

Menschen, die in der Gegenwart leben,
haben immer Zeit für die wichtigste Zeit,
den Augenblick.
Ernst Ferstl

...viele glückliche Augenblicke,
das wünschen wir dir liebe (r)...

In Augenblicken,
in denen wir
wir selbst sind,
spiegelt sich die Ewigkeit.
Ernst Ferstl

Wenn ich mein Leben noch einmal leben könnte,
im nächsten Leben würde ich versuchen,
mehr Fehler zu machen.

Ich würde nicht so perfekt sein wollen,
ich würde mich mehr entspannen.
Ich wäre ein bisschen verrückter als ich gewesen bin,
ich würde viel weniger Dinge so ernst nehmen.
Ich würde nicht so gesund leben.
Ich würde mehr riskieren, würde mehr reisen,
Sonnenuntergänge betrachten, mehr Bergsteigen,
mehr in Flüssen schwimmen.

Ich war einer dieser klugen Menschen,
die jede Minute ihres Lebens fruchtbar verbrachten.
Freilich hatte ich auch Momente der Freude.

Aber wenn ich noch einmal anfangen könnte,
würde ich versuchen, nur mehr gute Augenblicke
zu haben. Falls du es noch nicht weißt, aus diesen
besteht nämlich das Leben.
Nur aus Augenblicken.
Vergiss nicht den jetzigen.

Wenn ich noch einmal leben könnte,
würde ich von Frühlingsbeginn an bis in den
Spätsommer barfuß gehen.
Und ich würde mehr mit Kindern spielen,
wenn ich das Leben noch vor mir hätte.

Aber sehen Sie ...
ich bin 85 Jahre alt und weiß,
dass ich bald sterben werde ...
Jorge Luis Borges

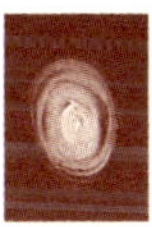

Wie alt wärst du,
wenn du nicht wüsstest,
wie alt du bist?
Satchel Paige

Jeden Tag ein bisschen weiser

Das Schöne am Älterwerden ist,
dass die Erfahrungen all der Jahre,
die man bereits hinter sich hat,
nicht verloren gehen.
Madeleine Lengle

Du hörst nicht auf zu lachen,
weil du alt wirst.
du wirst alt,
weil du aufhörst zu lachen.
Michael Pritchard

...schön, dass du immer lachst.

Ich denke niemals an die Zukunft.
Sie kommt früh genug.
Albert Einstein

Lebe jeden Tag so,
als ob du dein ganzes Leben lang
nur für diesen einzigen Tag gelebt hättest.
Wassilij W. Rosanow

Das Leben besteht
aus vielen kleinen Münzen,
wer sie aufzuheben weiß,
hat ein großes Vermögen.
Jean Anouilh

Das Leben ist eine verflixte Sache
nach der anderen.
Mark Twain

Zu genießen, wie die Zeit
vergeht – das ist das
Geheimnis des Lebens.
James Taylor

...vielleicht mit einer Tasse Tee und einem schönem Buch am Kamin dem Geheimnis des Lebens auf der Spur?

Keine Kunst ist´s alt zu werden;
es ist die Kunst es zu ertragen.
Johann Wolfgang von Goethe

Wenn man die Alternativen betrachtet,
ist ein hohes Alter gar nicht so schlecht.
Maurice Chevalier

Erwarte nichts. Heute:
Das ist dein Leben.
Kurt Tucholsky

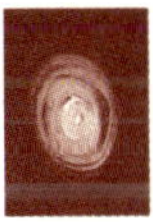

Bewusst im Heute leben und die Sekunden des Glücks genießen können, das wünschen wir dir, liebe(r)... , von ganzem Herzen

Die größten Augenblicke im Leben
kommen von selbst.
Es hat keinen Sinn, auf sie zu warten.
Thornton Wilder

Die ersten vierzig Jahre unseres Lebens
liefern den Text, die folgenden dreißig
den Kommentar dazu.
Arthur Schopenhauer

Wenn die Kerzen mehr kosten als der Kuchen,
dann weißt du, dass du älter wirst.
Bob Hope

Lang leben will halt alles,
aber alt werden will kein Mensch.
Johann Nestroy

Die beste Vorsorge für das Alter ist,
dass man sich nichts entgehen lässt,
was Freude macht.
Dann wird man später
die nötige Müdigkeit haben
und kein Bedauern,
dass die Zeit um ist.
Franziska Gräfin zu Reventlow

Die Jahre zwischen fünfzig und sechzig
sind die schlimmsten.
Dauernd werden Dinge von dir verlangt,
und du bist noch nicht altersschwach genug,
um sie abzulehnen.
T.S. Eliot

Ein Mann ist solange nicht alt,
wie das Bedauern nicht
an die Stelle der Träume tritt.
John Barrymore

Wird's besser?
Wird's schlimmer?
Fragt man alljährlich.
Seien wir ehrlich:
Leben ist immer lebensgefährlich.
Erich Kästner

Alt fühlt man sich nur dann,
wenn man Dinge bereut,
die man falsch gemacht hat.
Sophia Loren

...wir wünschen dir, liebe(r)...,
viele Jahre ohne Reue.

Jeden Tag ein bisschen weiser

Es gibt wichtigeres im Leben,
als beständig dessen Geschwindigkeit
zu erhöhen.
Mahatma Gandhi

Jung sein, das kann jeder.
Aber alt werden, das will gelernt sein.
Heinz Pol

Glück bedeutet, eine gute Gesundheit
und ein schlechtes Gedächtnis zu haben.
Ingrid Bergmann

Es gibt keine Wunder für den,
der sich nicht wundern kann.
Marie von Ebner-Eschenbach

Wer zufrieden ist,
kann nie zugrunde gerichtet werden.
Laotse

Was vor uns liegt und was hinter uns liegt,
sind Kleinigkeiten im Vergleich zu dem,
was in uns liegt.
Und wenn wir das, was in uns liegt,
nach außen in die Welt tragen,
geschehen Wunder.
Henry David Thoreau

Nicht das Leben an sich,
sondern das gute Leben hat einen Wert.
Aristoteles

Wende dein Gesicht immer der Sonne zu,
dann fallen die Schatten hinter dich.
Thail. Sprichwort

**...möge dir jeden Tag die Sonne scheinen,
das wünschen wir dir...**

Genau genommen leben sehr wenige
Menschen in der Gegenwart; die meisten
bereiten sich vor, demnächst zu leben.
Jonathan Swift

Ich habe in meinem Leben eine Menge
Probleme gekannt, die meisten von ihnen sind
nie eingetreten.
Mark Twain

Wer nur halb atmet,
lcbt nur halb.
Weisheit der Yogis

Jeden Tag ein bisschen weiser

Die Welt ist weder gut noch schlecht.
Erst unser Denken macht sie dazu.
William Shakespeare

...jeden Tag deines Lebens gute Gedanken und nette Menschen, das ist unser Wunsch für dich.

Vergiss nicht, Glück hängt nicht davon ab,
wer du bist oder was du hast;
es hängt nur davon ab,
was du denkst.
Dale Carnegie

Der Mensch wird geboren, um zu leben,
und nicht,
um sich auf das Leben vorzubereiten.
Boris Pasternak

Die Zukunft wird so aussehen,
wie wir sie gestalten.
Jean Fourastie

Das Leben ist entweder ein
wagemutiges Abenteuer
oder gar nichts.
Hellen Keller

Lebe lieber einen Tag als Tiger
als tausend Jahre als Schaf.
Chinesisches Sprichwort

Gewohnheit macht alt.
Jung bleibt man
durch die Bereitschaft zu Wechsel.
Attila Hörbiger

Du bist heute,
was du gestern gedacht hast.
Budda

Weise ist nicht,
wer viele Erfahrungen macht,
sondern wer aus wenigen lernt,
viele nicht machen zu müssen.
Karlheinz Deschner

Die Lebensspanne ist dieselbe,
ob man sie nun lachend oder
weinend verbringt.
Konfuzius

..dass du nie einen schlechten Tag sehen mögest, und wenn er dich sieht – nur durch eine beschlagene Brille.

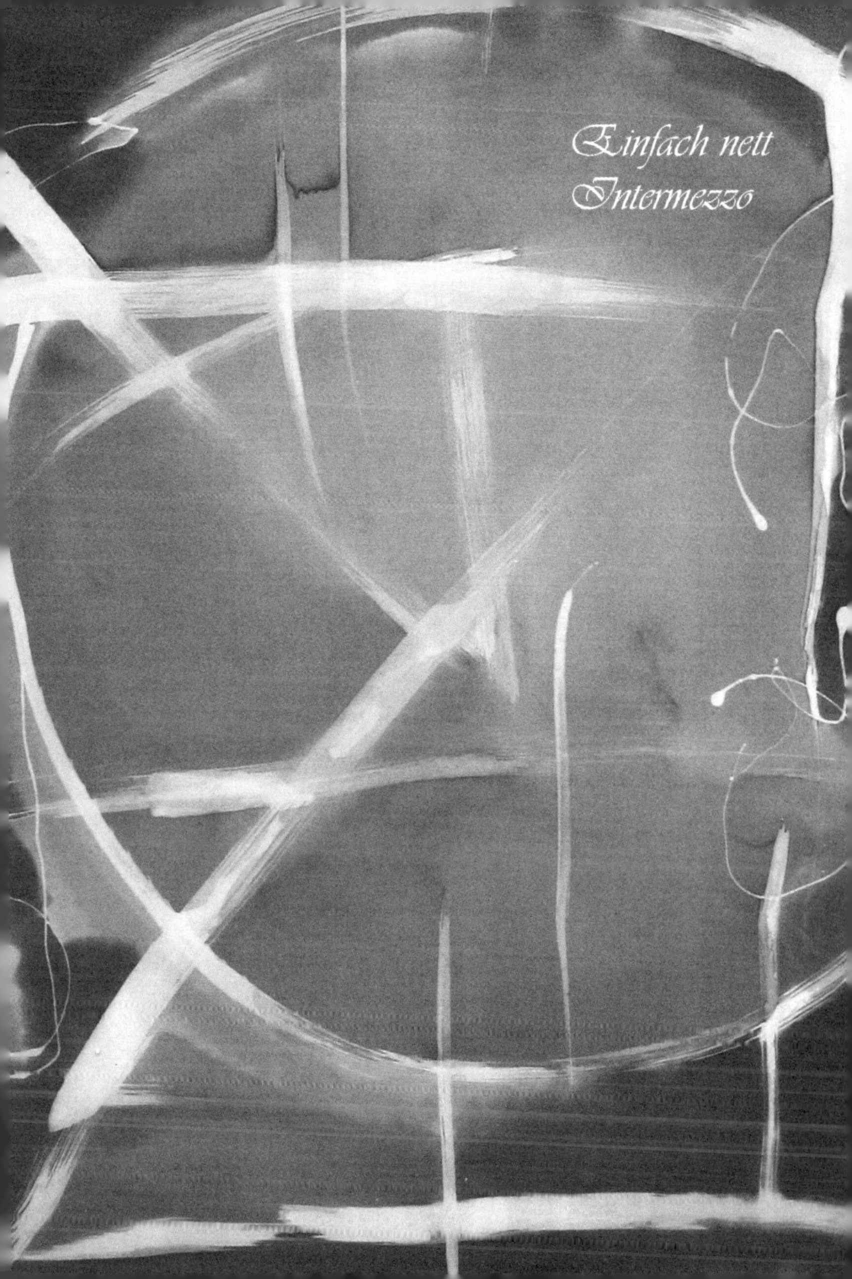
Einfach nett
Intermezzo

Menschen stolpern nicht über Berge,
sondern über Maulwurfshügel.
Konfuzius

Man darf das Schiff nicht
an einen einzigen Anker
und das Leben nicht
an eine einzige Hoffnung binden.
Epiktet

Der irrt nicht,
der auf unrechtem Wege umkehrt.
Konfuzius

Erfolg muss man langsam löffeln,
sonst verschluckt man sich.
Erika Pluhar

Die Menschen drängen sich zum Lichte,
nicht um besser zu sehen,
sondern um besser zu glänzen.
Friedrich Nietzsche

Nie glücklich ist,
wer ewig dem nachjagt,
was er nicht hat; und was er hat,
vergisst.
William Shakespeare

Es kommt nicht darauf an,
was für einen Hut man auf dem Kopf hat,
sondern was für einen Kopf unter dem Hut.
Herbert George Wells

Wenn zwei Menschen immer dasselbe denken,
ist einer von ihnen überflüssig.
Winston Churchill

Zum Lichte des Verstandes
können wir immer gelangen;
aber die Fülle des Herzens
kann uns niemand geben.
Johann Wolfgang von Goethe

Geld macht nicht glücklich,
aber reich.
Kilian Emmerich Stephan

Jeder Misthaufen ist das Zentrum der Welt,
wenn der richtige Hahn drauf kräht.
Wolf Biermann

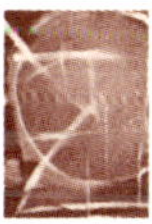

Der gute Vorsatz gleicht manchmal
einer Leiter, die zu kurz ist.
Aus Frankreich

Einfach nett

Gesprochene Worte sind Vögel,
die man nicht wieder einfangen kann.

Wer etwas will sucht Wege,
wer etwas nicht will sucht Gründe.

Wirklich reich ist,
wer mehr Träume in seiner Seele hat,
als die Realität zerstören kann.
Hans Kruppa

Eine Lüge ist bereits dreimal
um die Erde gelaufen,
bevor sich die Wahrheit
die Schuhe anzieht.
Mark Twain

Wer immer die Wahrheit sagt,
kann sich ein schlechtes Gedächtnis leisten.
Theodor Heuss

Querstreifen machen dick,
aber wer isst schon Querstreifen?
Graf Fito

Es gibt Wunder,
die müssen im Dunkeln geschehen.
Abdul Nachtigaller

Der Jammer mit den Weltverbesserern ist,
dass sie nicht bei sich selber anfangen.
Mark Twain

Leute, die auf Rosen gebettet sind,
verraten sich dadurch,
dass sie immerzu
über die Dornen jammern.
Francoise Sagan

Erst wenn es zu spät ist,
lernen wir,
dass das Wundervollste
der flüchtige Augenblick ist.
François Mitterand

Der Fisch, den man nicht fängt,
ist immer groß.
Chinesisches Sprichwort

Der Mensch hat dreierlei Wege
klug zu handeln:
Durch Nachdenken – das ist das edelste.
Durch Nachahmen – das ist das einfachste.
Durch Erfahrung – das ist das bitterste.
Konfuzius

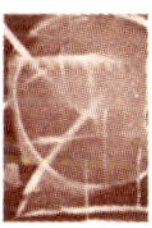

Einfach nett

Nie glücklich ist, wer ewig dem nachjagt,
was er nicht hat; und was er hat, vergisst.
William Shakespeare

Manche Hähne glauben,
dass die Sonne ihretwegen aufgeht.
Theodor Fontane

Wir alle sollten uns um die Zukunft sorgen,
denn wir werden den Rest unseres Lebens
dort verbringen.
Charles F. Kettering

Leben ist, was uns zustößt, während wir uns
etwas ganz anderes vorgenommen haben.
Henry Miller

Versuche nie, einen Menschen so zu machen,
wie du bist, denn Gott weiß es, und du weißt
es auch: Einer von deiner Sorte ist genug.
Verfasser unbekannt

Wähle weise,
denn was du erbittest,
kann leicht das werden,
was du bekommst.
Marlo Morgan

Wenn wir frei von Fehlern wären,
würde es uns nicht so viel Vergnügen bereiten,
sie an anderen festzustellen.
Horaz

Auch auf dem höchsten Thron sitzt man
auf dem eigenen Hintern.
M.E. de Mantaigne

Gewohnheiten sind die Fingerabdrücke
des Charakters.
Alfred Polgar

Der Verstand kann uns sagen,
was wir unterlassen sollen.
Aber das Herz kann uns sagen,
was wir tun müssen.
Joseph Joubert

Es ist schön zu leben,
weil leben anfangen ist,
immer in jedem Augenblick.
Cesare Pavese

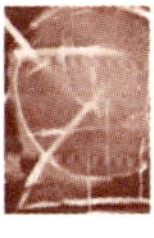

Hast du nach innen das Mögliche getan,
gestaltet sich das Äußere von selbst.
Johann Wolfgang von Goethe

Inmitten von Schwierigkeiten
liegen günstige Gelegenheiten.
Albert Einstein

Probleme sind Möglichkeiten
in Arbeitskleidung.
Henry J. Kaiser

Heute sorget ihr für morgen,
morgen für die Ewigkeit.
Ich will heut´ für heute sorgen.
Morgen ist für morgen Zeit.
Franz Grillparzer

Niemand ist vollkommen.
Glück heißt: seine Grenzen kennen
und sie lieben.
Romain Rolland

In manchen Stunden meines Lebens
ahne ich, was Leben eigentlich
alles sein könnte –
und dann
weine ich um jede Sekunde,
die ich nicht gelebt habe.
Andrea Schwarz

Das Merkwürdige an der Zukunft ist wohl
die Vorstellung, dass man unsere Zeit
später die gute, alte Zeit nennen wird.
Ernest Hemingway

Wir suchen die Wahrheit,
finden wollen wir sie aber
nur dort, wo es uns beliebt.
Marie von Ebner-Eschenbach

Die wahre Lebenskunst besteht darin,
im Alltäglichen das Wunderbare zu sehen.
Pearl S. Buck

Jeder hat Grund den Beginn
des neuen Jahres zu feiern;
er hat ja das alte überlebt.
Lothar Schmidt

Wer auf sich sieht, strahlt nicht in die Welt.
Lao-tse

Alles, was ein Mensch sich vorstellen kann,
werden andere Menschen verwirklichen.
Jules Verne

Gib acht, dass du nicht zufällig unter
das Glücksrad eines anderen gerätst.
Stanislaw Jerzy Lec

Unseren Feinden haben wir viel zu verdanken.
Sie verhindern,
dass wir uns auf die faule Haut legen.
Oscar Wilde

Ehrlichkeit ist das erste Kapitel
im Buch der Weisheit.
Thomas Jefferson

Mancher sucht ein Leben lang
die Brille der Erkenntnis,
ohne zu merken,
dass er sie schon auf der Nase hat.
Wilhelm Raabe

So ist das Leben

So ist das

Nur das Denken,
das wir leben,
hat einen Wert.
Hermann Hesse

Immerfort
empfange ich mich aus deiner Hand.
So ist es und so soll es sein.
Das ist meine Wahrheit und meine Freude.

Immerfort blickt dein Auge mich an
und ich lebe aus deinem Blick.

Lehre mich, in der Stille deiner Gegenwart
das Geheimnis zu verstehen, dass ich bin.

Und dass ich bin
durch dich und
vor dir und
für dich.
Romano Guardini

Nur wer die Herzen bewegt,
bewegt die Welt.
Ernst Wiechert

Ein Lächeln ist die kürzeste Entfernung
zwischen zwei Menschen.

Das Geheimnis des Glücklichseins
liegt nicht darin,
das zu machen,
was man gerne tut,
sondern das, was man macht,
gerne zu tun.
Sir James Matthew Barrie

Es gibt keinen Weg zum Glück,
Glück ist der Weg.
Buddha

Nicht jene, die streiten, sind zu fürchten,
sondern jene, die ausweichen.
Marie von Ebern-Eschenbach

Vom Konzert des Lebens
bekommt keiner ein Programm.
Toon

Atmen allein bedeutet noch nicht,
dass man lebt.
Es ist nur ein Zeichen für die anderen,
welcher Körper beerdigt werden kann und
welcher nicht.
Nicht alle Menschen, die atmen
sind auch lebendig.
Weisheit der Aborigines

So ist das

Ein Kompromiss, das ist die Kunst,
einen Kuchen so zu verteilen,
dass jeder meint,
er habe das größte Stück bekommen.
Ludwig Ehrhard

Der Mensch hat zwei Ohren und einen Mund,
damit er mehr zuhören als reden kann.
Martin Luther

Entscheidend sind nicht die Ereignisse,
die uns zustoßen, sondern unsere Reaktionen.
Hans Selye

Es gibt viele, die uns etwas einreden wollen,
und wenige, die uns ausreden lassen.
Pietro Corelie

Wenn alles wirklich so wäre,
wie wir es wollten,
würden die Leute sich beschweren,
dass nichts mehr so ist, wie es einmal war.
Pierre Dac

Mit den Menschen ist es wie mit den Autos:
Laster sind schwer zu bremsen.
Heinz Erhardt

Die Stimme des Gewissens wäre
ein besserer Berater,
wenn wir ihr nicht immerzu soufflieren würden,
was sie sagen soll.
Jean Anouilh

Wer das erste Knopfloch verfehlt,
kommt mit dem Zuknöpfen nicht zu Rande.
Johann Wolfgang von Goethe

Worte verbinden nur, wo unsere Wellenlängen
längst übereinstimmen.
Max Frisch

Gesegnet seien jene,
die nichts zu sagen haben
und den Mund halten.
Oscar Wilde

Der Ursprung aller Konflikte zwischen mir
und meinen Mitmenschen ist,
dass ich nicht sage, was ich meine,
und dass ich nicht tue, was ich sage.
Martin Buber

Betrachte das Leben mit deinen Augen
und nicht mit den Augen der anderen.
Andrea Redmann

So ist das

Behandle die Menschen so,
als wären sie,
was sie sein sollten,
und du hilfst ihnen zu werden,
was sie sein können.
Johann Wolfgang von Goethe

Wer der Gerechtigkeit folgen will
durch dick und dünn,
muss lange Stiefel haben.
Wilhelm Busch

Der entscheidende Schritt
im Leben eines Menschen
ist der Sprung
über den eigenen Schatten.
Ernst Ferstl

Es ist nicht gesagt,
dass es besser wird,
wenn es anders wird.
Wenn es aber besser werden soll,
muss es anders werden.
Georg Christoph Lichtenberg

Für die meisten Menschen ist das Leben
wie schlechtes Wetter; sie treten unter
und warten, bis es vorüber ist.
Alfred Polgar

Leben ist ein Bumerang:
man bekommt zurück,
was man gibt.
Dale Carnegie

Manche halten das für Erfahrung,
was sie zwanzig Jahre lang
falsch gemacht haben.
George Bernard Shaw

Nichts ist schwerer,
als den gelten zu lassen,
der uns nicht gelten lässt.
Marie von Ebner-Eschenbach

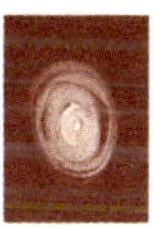

Solange du dem anderen sein Anderssein
nicht verzeihen kannst,
bist du noch weit ab vom Weg zur Weisheit.
Aus China

Die zur Wahrheit wandern,
wandern allein.
Christian Morgenstern

Es ist von großem Vorteil,
die Fehler,
aus denen man lernen kann,
recht frühzeitig zu machen.
Winston Churchill

Ein kluger Mann macht nicht alle Fehler selbst.
Er gibt auch anderen eine Chance.
Winston Churchill

Uns Menschen ist es zwar gelungen,
das Raubtier in uns auszuschalten -
nicht jedoch den Esel.
Winston Churchill

Die meisten unserer Fehler erkennen
und legen wir erst dann ab,
wenn wir sie an anderen entdeckt haben.
Karl Gutzkow

Erfahrungen sind wie Samenkörner,
aus denen die Klugheit hervor wächst.
Konrad Adenauer

Man braucht nicht immer den selben
Standpunkt zu vertreten,
denn niemand kann einen daran hindern
klüger zu werden.
Konrad Adenauer

Hüte dich vor dem Entschluss,
zu dem du
nicht lächeln kannst.
Heinrich Friedrich Karl von Stein

Der Mensch wird geboren,
um zu leben, und nicht,
um sich auf das Leben vorzubereiten.
Boris Pasternak

Wir haben eine doppelte Moral:
Eine, die wir predigen
aber nicht anwenden
und eine, die wir anwenden,
aber nicht predigen.
Aus China

Man muss das Unglück mit Händen und Füßen
und nicht mit dem Maul angreifen.
Johann Heinrich Pestalozzi

So ist das

Wer nur redet und nicht handelt,
redet dumm und handelt schlecht.
Erich Kästner

Ich kann die Welt nicht verändern,
aber ich kann die Welt in mir verändern.
Bono Vox

Du siehst Dinge und du sagst: Warum?
Aber ich träume Dinge,
die es nie gegeben hat,
und ich sage: Warum nicht?
Bernhard Shaw

Der Mensch kann
gegen seinen Willen überzeugt,
aber nicht erfreut werden.
Samuel Johnson

Wir brauchen nicht so fort zu leben,
wie wir gestern gelebt haben.

Entscheidend sind nicht die Ereignisse,
die uns zustoßen,
sondern unsere Reaktionen.
Hans Selye

Wenn das Leben keine Vision hat,
nach der man sich sehnt,
die man verwirklichen möchte,
dann gibt es auch kein Motiv,
sich anzustrengen.
Erich Fromm

Zuhören können ist der halbe Erfolg.
Calvin Coolidge

Verantwortlich ist man nicht nur für das,
was man tut, sondern auch für das,
was man nicht tut.
Laotse

Je weniger sich ändert,
um so mehr bleibt alles beim alten.
Sizilianisches Sprichwort

Der größte Fehler,
den ein Mensch machen kann,
ist Angst zu haben,
einen zu begehen.
Elbert Hubbard

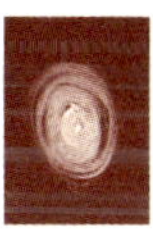

Welch' Glück geliebt zu werden

Hochzeit

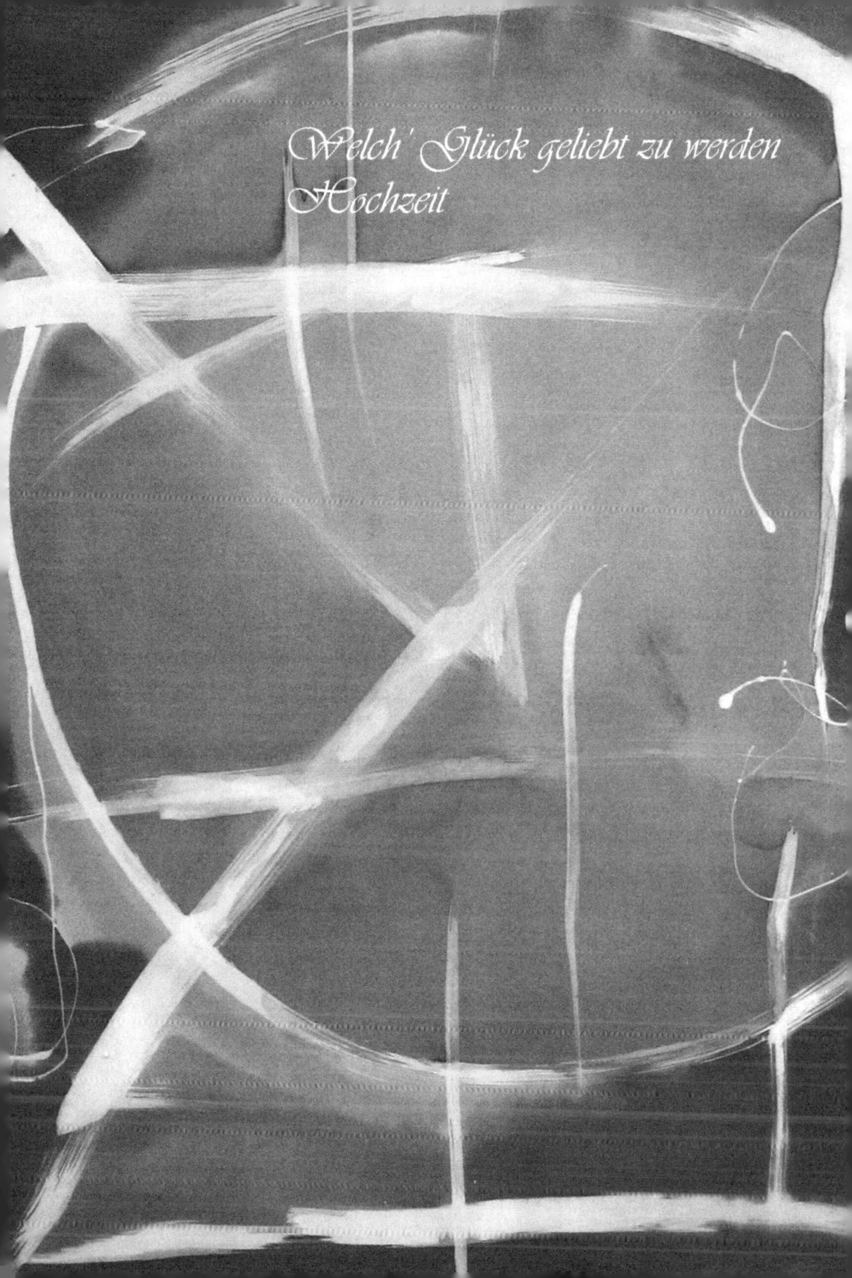

Welch' Glück geliebt zu werden

Auf dem besten Wege...
Es gibt keinen Weg zum Glück.
Das Glück ist der schöne, holprige Weg,
auf dem wir gehen, stolpern, tanzen...

Die Summe unseres Lebens
sind die Stunden,
in denen wir liebten.
Wilhelm Busch

Wir wünschen euch auf eurem gemeinsamen Weg alles erdenklich Liebe und Gute

Geliebt zu werden macht uns stark.
Zu lieben macht uns mutig.
Laotse

**Möge dieser Schritt eure Liebe,
eure Zweisamkeit,
eure Freundschaft und
euer Glück noch mehr vertiefen.**

Wir wünschen euch auf eurem gemeinsamen Weg viel Sonne, Humor, Kraft und Vertrauen.

Den Sinn erhält das Leben einzig
durch die Liebe, das heißt:
Je mehr wir zu lieben und uns hinzugeben
fähig sind, desto sinnvoller wird unser Leben.
Hermann Hesse

Wir wünschen euch eine wunderschöne, gemeinsame Zukunft und dass euer Leben von Tag zu Tag sinnvoller wird.

Verzaubert wird nur, wer sich traut.

Das Opfer, das die Liebe bringt,
Es ist das Teuerste von allen;
Doch wer sein Eigenstes bezwingt,
Dem ist das schönste Los gefallen.
Johann Wolfgang von Goethe

Die reife Liebe ist eine Vereinigung bei der
die eigene Integrität und Individualität
bewahrt bleibt.
Erich Fromm

Macht können wir durch Wissen erlangen,
aber zur Vollendung gelangen wir nur
durch die Liebe.
Tagore

Welch' Glück geliebt zu werden

Vielleicht so
Dich finden
ohne mich zu verlieren.
Mich dir geben,
ohne mich aufzugeben.
Dich verstehen,
ohne mich zu übersehen.
So könnte es gehen.
Hans Kruppa

Die Erfahrung lehrt,
dass Liebe nicht darin besteht,
dass man einander ansieht,
sondern dass man gemeinsam
in die gleiche Richtung blickt.
Antoine de Saint-Exupéry

Wir gratulieren euch und freuen uns mit euch über das Glück, dass ihr einander gefunden habt.

Die Menschen kommen durch nichts
den Göttern näher,
als wenn sie Menschen glücklich machen.
Cicero

Geliebtsein heißt aufbrennen.
Lieben ist: Leuchten mit unerschöpflichem Öle.
Geliebtwerden ist vergehen,
Lieben ist dauern.
Rainer Maria Rilke

Und er sprach: Das größte Rätsel,
süßes Kind, das ist die Liebe –
Doch wir wollen es nicht lösen.
Heinrich Heine

Und doch, welch Glück, geliebt zu werden.
Und lieben, Götter, welch ein Glück.
Johann Wolfgang von Goethe

Liebe ist nur wie Liebe,
sie ist mit nichts zu vergleichen.
Oscar Wilde

Jeder geliebte Mensch ist
der Mittelpunkt eines Paradieses.
Novalis

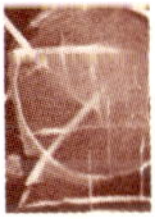

Liebe ist das einzige, was wächst,
indem wir es verschwenden.
Richard Huch

Welch' Glück geliebt zu werden

Liebe ist die Sehnsucht nach Ganzheit.
Platon

Liebe ist wie die spanischen Herbergen:
Man bekommt, was man mitbringt.
Comtesse d`Agoult

Nicht das Denken erlöst die Welt,
sondern die Liebe.
Manfred Kyber

Das Wesen der Liebe ist,
miteinander lachen zu können.
Francoise Sagan

Es gibt nichts Schöneres, als geliebt zu werden,
geliebt um seiner selbst willen oder vielmehr
trotz seiner selbst.
Victor Hugo

Liebe ist ein privates Weltereignis.
Alfred Polgar

Willst du geliebt werden, so liebe.
Seneca

Woher sind wir geborgen?
Aus Lieb.
Wie wären wir verloren?
Ohn Lieb.
Was hilft uns überwinden?
Die Lieb.
Kann man auch Liebe finden?
Durch Lieb.
Was lässt uns lange weinen?
Die Lieb.
Was soll uns stets vereinen?
Die Lieb.
Johann Wolfgang von Goethe

Freudvoll
Und leidvoll,
Gedankenvoll sein,
Langen
Und bangen
In schwebender Pein,
Himmelhoch jauchzend,
Zum Tode betrübt;
Glücklich allein
Ist die Seele, die liebt.
Johann Wolfgang von Goethe

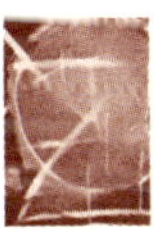

Welch' Glück geliebt zu werden

Die Ehe ist und bleibt
die wichtigste Entdeckungsreise,
die der Mensch unternehmen kann.
Søren Kierkegaard

Das gemeinsame Glück zweier Menschen
ist nichts anderes als zwei kleine,
nebeneinander geritzte Striche
in die Unendlichkeit.
Robert Musil

Die Ehe ist ein Bauwerk,
das jeden Tag
neu errichtet werden muss.
André Maurois

Einen Menschen lieben heißt,
ihn so zu sehen,
wie Gott ihn gemeint hat.
Fjodor Michailowitsch Dostojewski

Lieben heißt:
In dem anderen sich selbst erobern.
Friedrich Hebbel

Sein Herz zu verlieren ist die schönste Art,
festzustellen, dass man eins hat.

Die wirkliche Liebe beginnt,
wo keine Gegengabe
mehr erwartet wird.
Antoine de Saint Exupéry

Es bleibt zwischen Menschen,
sie seien noch so eng verbunden,
immer ein Abgrund offen, den nur die Liebe,
und auch nur mit einem Notsteg,
überbrücken kann.
Hermann Hesse

Liebe ist der Entschluss
das Ganze eines Menschen
zu bejahen,
die Einzelheiten mögen
sein wie sie wollen.
Otto Flake

Liebe ist wie Feuer – sie muss genährt werden,
sonst bleibt nur noch Asche übrig.
José Flume

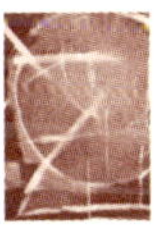

Man sieht nur mit dem Herzen gut.
Das Wesentliche ist für die Augen unsichtbar.
Antoine de Saint-Exupery

Welch' Glück geliebt zu werden

Die Vernunft kann nur reden.
Es ist die Liebe, die singt.
Joseph de Maistre

Was ist Liebe?
Eine Hütte mit keinem Palast tauschen wollen,
Schwächen und Fehler
mit gütigem Blick übersehen,
Hingabe ohne Zögern.

Einen Menschen lieben,
heißt einzuwilligen,
mit ihm alt zu werden.
Albert Camus

Liebe: eine Komposition,
bei der die Pausen genauso wichtig sind
wie die Musik.
Senta Berger

Denn das Glück,
geliebt zu werden,
ist das höchste Glück auf Erden.
Johann Gottfried von Herder

Ein Tropfen Liebe ist mehr als
ein Ozean an Wille und Verstand.
Blaise Pascal

Glück ist Liebe,
nichts anderes.
Wer lieben kann,
ist glücklich.
Hermann Hesse

In der Liebe versinken und verlieren sich
alle Widersprüche des Lebens.
Nur in der Liebe sind Einheit und Zweiheit
nicht im Widerspruch.
Rabindranath Tagore

Nur du kannst es machen
Motivation

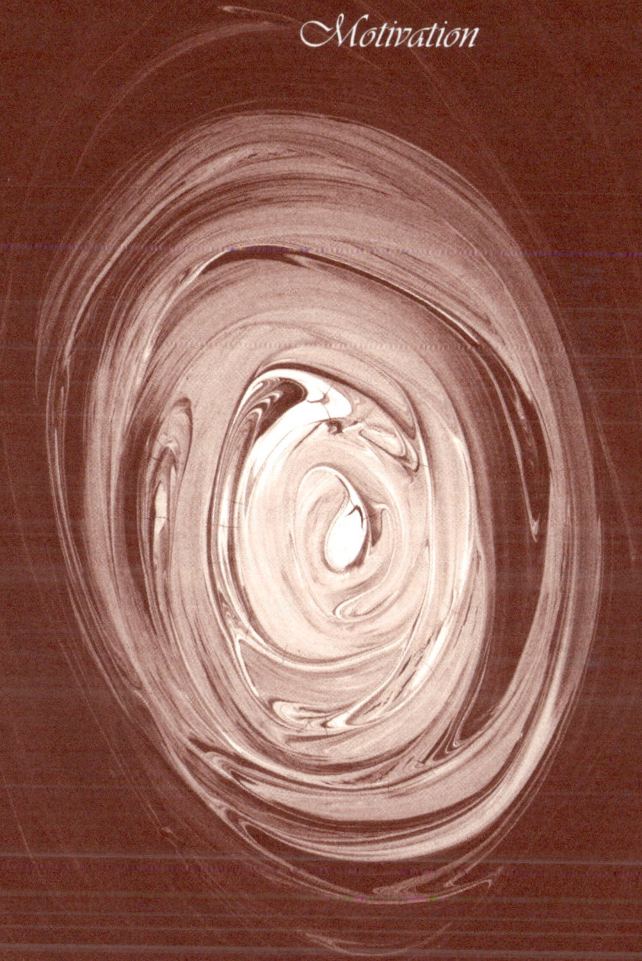

Nur du kannst es machen

Der Langsamste,
der sein Ziel nicht aus den Augen verliert,
geht noch immer geschwinder als jener,
der ohne Ziel umherirrt.
Gotthold E. Lessing

Hab´ Geduld,
alle Dinge sind schwierig,
bevor sie leicht werden.
Französisches Sprichwort

Will man Schweres bewältigen,
muss man es leicht angehen.
Bertolt Brecht

Die einmalige Gelegenheit,
die du suchst, ist in dir selbst.
Sie ist nicht in deiner Umgebung,
sie ist kein Glücks- oder Zufall
oder eine Chance oder Hilfe anderer.
Sie liegt in Dir allein.
Orison Swett Marden

Man entdeckt keine neuen Weltteile,
ohne den Mut zu haben,
alle Küsten aus den Augen zu verlieren.
André Gide

Der Mann, der den Berg abtrug, war derselbe,
der damit angefangen hatte,
kleine Steine wegzutragen.
Aus China

Damit das Mögliche entsteht,
muss immer wieder
das Unmögliche versucht werden.
Hermann Hesse

Fallen ist weder gefährlich
noch eine Schande,
Liegen bleiben ist beides.
Konrad Adenauer

Wer vom Glück immer nur träumt,
darf sich nicht wundern,
wenn er es verschläft.
Ernst Deutsch

Achte auf deine Gedanken!
Sie sind der Anfang deiner Taten.
Chin. Weisheit

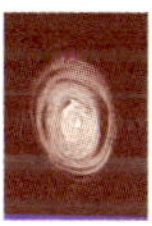

Auch aus Steinen,
die einem in den Weg gelegt werden,
kann man was Schönes bauen.
Johann Wolfgang von Goethe

Nur du kannst es machen

Wenn die anderen glauben,
am Ende zu sein,
muss man erst anfangen.
Konrad Adenauer

Wenn Sie das tun,
was Sie immer getan haben,
werden Sie auch das bekommen,
was Sie immer bekommen haben.

Fürchte dich nicht langsam zu gehen.
Fürchte dich nur stehen zu bleiben.
Laotse

Hindernisse sind
die furchterregenden Dinge,
die du siehst,
wenn du deine Augen
vom Ziel abwendest.

Nur ein Mensch, der Selbstvertrauen hat,
kann das Vertrauen anderer erwerben.
Vera F. Birkenbihl

Suche nicht andere,
sondern dich selbst zu übertreffen.
Marcus Tullius Cicero

Selbstvertrauen gewinnt man dadurch,
dass man genau das tut,
wovor man Angst hat
und auf diese Weise eine Reihe
von erfolgreichen Erfahrungen sammelt.
Dale Carnegie

Wer, wenn nicht du,
und wann,
wenn nicht jetzt?
Harry Buckwitz

Wer jedes Risiko ausschalten will,
der zerstört auch alle Chancen.
Hans-Olaf Henkel

Spatzen werden nie verstehen,
warum Adler höher fliegen
als Kirschbäume wachsen.
Aus Russland

Man kann nur aus dem Ärmel schütteln,
was drin ist.
Dieter Hildebrandt

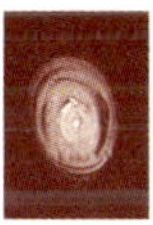

Was wir heute denken,
werden wir morgen sein.
Max Thürkauf

Nur du kannst es machen

Wer wagt, selbst zu denken,
der wird auch selbst handeln.
Bettina von Arnim

Wer auf morgen wartet,
wird übermorgen erkennen,
dass er heute versäumt hat,
das Notwendige zu tun.

Mit einem Brett vor dem Kopf
sollte man nicht
über schlechte Aussichten klagen.

Mühe macht uns die Arbeit,
die wir liegenlassen,
nicht die, die wir tun.
Marie von Ebner-Eschenbach

Der Grund,
warum manche Menschen
auf der Leiter des Erfolges
nicht so recht vorankommen,
ist darin zu suchen,
dass sie glauben,
sie stünden auf einer Rolltreppe.

Kleine Taten, die man ausführt,
sind besser als große,
die man plant.
George Marschall

Wenn du hinter zwei Hasen herläufst,
fängst du keinen von beiden.
Aus England

Nicht wollen ist ein Grund,
nicht können nur ein Vorwand.
Seneca

Der Pessimist findet
zu jeder Lösung
ein passendes Problem.
Franz Luwein

Verbringe nicht die Zeit mit der Suche
nach einem Hindernis, vielleicht ist
keines da.
Franz Kafka

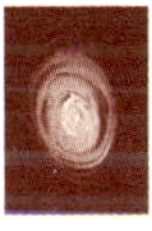

Willst du das Ziel erreichen,
so musst du auch den Weg wollen.

Nur du kannst es machen

Das Glück deines Lebens
hängt von der Beschaffenheit
deiner Gedanken ab.
Marc Aurel

Den meisten Leuten
sollte man in ihr Wappen schreiben:
Wann eigentlich, wenn nicht jetzt?
Kurt Tucholsky

Wenn wir Schlittschuh über dünnes Eis laufen,
liegt unser Heil nur in der Schnelligkeit.
Ralph Waldo Emerson

Die ganze Menschheit
teilt sich in drei Klassen:
Solche,
die unbeweglich sind,
solche,
die beweglich sind,
und solche,
die sich bewegen.
Aus dem Arabischen

Du bist deine eigene Grenze.
Erhebe dich darüber.
Schamsoddin Mohammad Hafes

Was immer du tun kannst
oder wovon du träumst - fang damit an.
Mut hat Genie, Kraft und Zauber in sich.
Johann Wolfgang von Goethe

Der entscheidende Schritt
im Leben eines Menschen
ist der Sprung
über den eigenen Schatten.
Ernst Ferstl

Wege entstehen dadurch,
dass man sie geht.
Franz Kafka

Ich kann die Welt nicht verändern,
aber ich kann die Welt in mir verändern.
Bono Vox

Nutze die Talente, die du hast.
Die Wälder wären sehr still,
wenn nur die begabtesten Vögel sängen.
Henry van Dyke

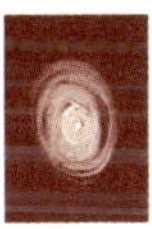

Es ist nie zu spät, das zu werden,
was man hätte sein können.
George Eliot

Nur du kannst es machen

Was der Geist erfassen
und glauben kann,
kann er auch durchführen.

Fürchte dich nicht vor einem großen Schritt.
Mit zwei kleinen Sprüngen kannst du keine
Schlucht überwinden.
David Lloyd George

Es ist immer die Leistung,
die bestimmt, wer zur Elite zählt.
Ludwig Marcuse

Diejenigen Berge,
über die man im Leben
am schwersten hinwegkommt,
häufen sich immer
aus Sandkörnchen auf.
Friedrich Hebbel

Wir benötigen nicht mehr Stärken
oder Fähigkeiten oder größere Chancen.
Was wir tun müssen, ist das zu gebrauchen,
was wir bereits haben.
Basil S. Walsh

Man muss etwas Neues machen,
um Neues zu sehen.

Was du sagst, verweht im Wind.
Nur was du tust, schlägt Wurzeln.

Wer seine Traume verwirklichen will,
muss aus ihnen erwachen.
André Siegfried

In dir muss brennen,
was du in anderen entzünden willst.
Augustinus

Wer das Ziel kennt, wird es treffen.

Phantasie ist wichtiger als Wissen.
Albert Einstein

Vergiss nie, dass nur ein toter Fisch
mit der Strömung schwimmt.
Malcolm Muggeridge

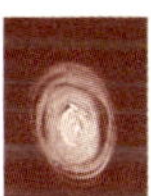

Um an die Quelle zu kommen,
muss man gegen den Strom schwimmen.
S. J. Lec

Nur du kannst es machen

Nur die Sache ist verloren,
die man selber aufgibt.
Gotthold Ephraim Lessing

Da wir die Wirklichkeit nicht ändern können,
sollten wir unseren Blick verändern,
mit dem wir die Wirklichkeit wahrnehmen.
Nikos Kazantzakis

Trenne dich nie von deinen Illusionen.
Sind sie verschwunden,
so magst du noch existieren,
aber du hast aufgehört zu leben.
Mark Twain

Um klar zu sehen,
genügt oft ein Wechsel der Blickrichtung.
Antoine de Saint-Exupéry

Nur wenn ich selber keine Angst habe
zu verbrennen, kann ich leuchten.
Bernd Hohmann

Wer den Hafen nicht kennt,
in den er segeln will,
für den ist kein Wind günstig.
Seneca

Die größte Entscheidung deines Lebens
liegt darin,
dass du dein Leben ändern kannst,
indem du deine Geisteshaltung änderst.
Albert Schweitzer

Tu, was du kannst,
mit dem, was du hast,
genau da, wo du bist.
Theodor Rooseveld

Bereit sein ist viel,
warten können ist mehr,
doch erst den rechten
Augenblick nützen ist alles.
Arthur Schnitzler

In der Idee leben heißt,
das Unmögliche behandeln,
als wenn es möglich wäre.
Johann Wolfgang von Goethe

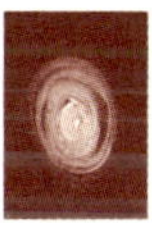

Träume gehen in Erfüllung für den,
der jede Gelegenheit beim Schopfe packt.
Malcom Forbes

Nur du kannst es machen

Die größten Leistungen vollbringt nur der,
der gelernt hat, im entscheidenden Augenblick
letzte Reserven mobil zu machen.
Segal

In allen Dinge hängt der Erfolg
von den Vorbereitungen ab.
Konfuzius

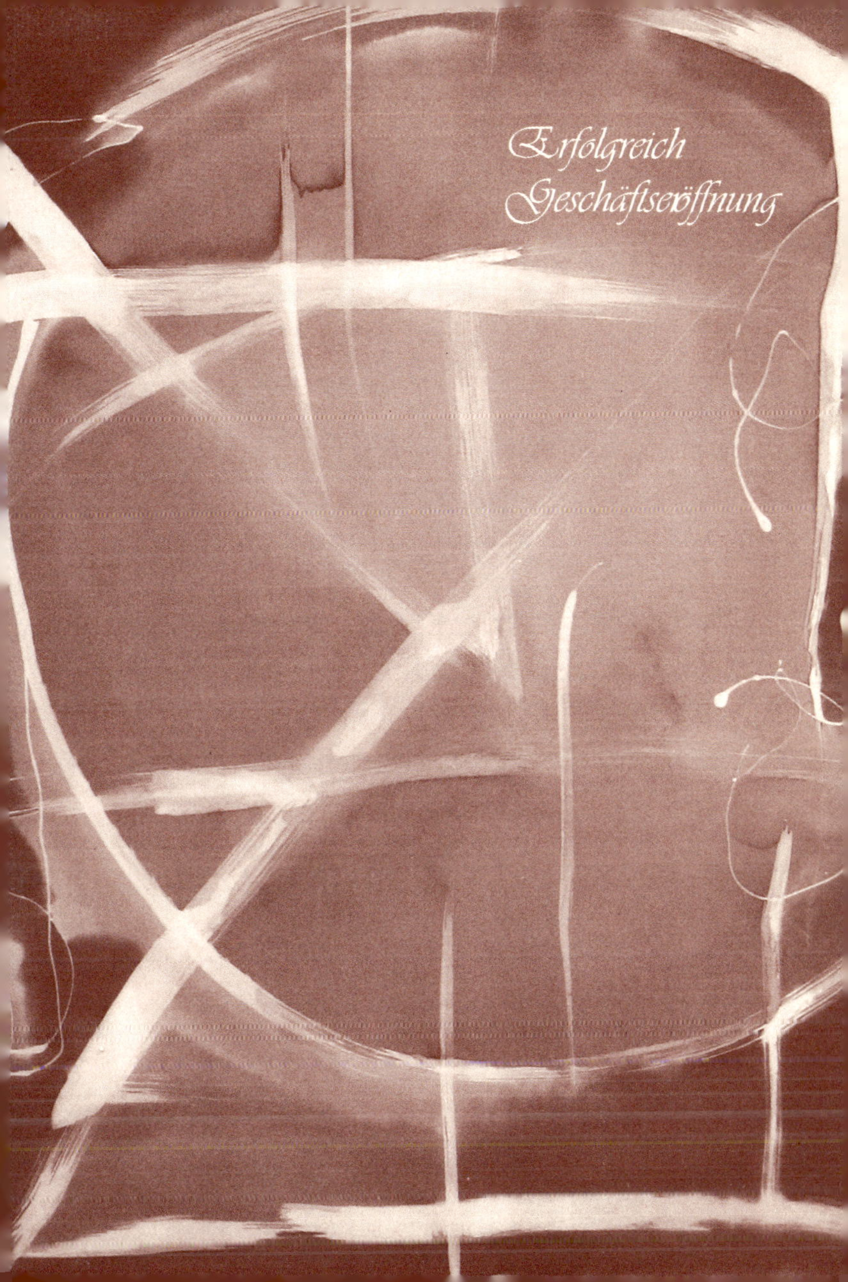
Erfolgreich
Geschäftseröffnung

Erfolgreich

Gute Ideen funktionieren immer,
wenn man hartnäckig ist.
Rosanne Haggerty

Es kommt nicht darauf an,
was wir verdienen durch das, was wir tun.
Es kommt allein darauf an,
wer wir werden durch das, was wir tun.
Dr. Gerhard Raspé

Willst du im laufenden Jahr ein Ergebnis sehen,
so säe Samenkörner.
Willst du in zehn Jahren ein Ergebnis sehen,
so setze Bäume.
Willst du das ganze Leben lang ein Ergebnis sehen,
so entwickle die Menschen.
Kuan Chung Tzu

Gehe nicht auf ausgetretenen Pfaden,
sondern bahne dir selbst einen Weg
und hinterlasse eine Spur.

Der Mensch ist nichts anderes,
als was er selber aus sich macht.
Jean-Paul Sartre

Es ist sinnlos zu sagen:
Wir tun unser Bestes.
Es muss dir gelingen, das zu tun,
was erforderlich ist.
Winston Churchill

Lebe mit großen Erwartungen –
und große Dinge geschehen.

Das Große ist nicht,
dies oder das zu sein,
sondern man selbst zu sein.
Søren Kierkegaard

Wer dem Erfolg
auf den Grund geht,
findet Beharrlichkeit.
Aus den USA

...Schritt für Schritt, so schaffst du den Erfolg.

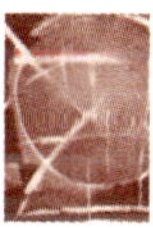

Befehle bellen ist out.
Neugier, Initiative und Phantasie sind In.
Tom Peters

Erfolgreich

Echte Leader schauen nicht in Führungsbücher,
sondern in die Augen ihrer Mitarbeiter.
Monique R. Siegel

Das größte Risiko auf Erden
laufen die Menschen,
die nie das kleinste Risiko eingehen wollen.
Bertrand Russell

**..deine Fähigkeiten sind einzigartig.
Gut, dass du den Mut hast sie zu nutzen
und auszubauen.**

Man lebt nicht, wenn man nicht für etwas lebt.
Robert Walser

Das Wissen
um den richtigen Zeitpunkt
ist der halbe Erfolg.
Couve de Murville

Zaghaften Sinnes ersteigst du nicht
des Lebens Höhen.
Publilius Syrus

Das größte Risiko unserer Zeit
liegt in der Angst vor dem Risiko.
Helmut Schoek

Wer vom Ziel nichts weiß,
wird den Weg nicht finden.
Christian Morgenstern

Anfangen ist leicht.
Das Beharren ist die Kunst.

Es ist immer leicht
aus sicherer Entfernung mutig zu sein.
Aesop

Das wahre Geheimnis des Erfolges
ist die Begeisterung.
Walter Chrysler

Nur wer etwas leistet,
kann sich etwas leisten.
Michael Gorbatschow

Die Tat ist der harte Probierstein
aller unserer Überzeugungen.
Arthur Schopenhauer

Erfolgreich

Einen Vorsprung im Leben hat,
wer da anpackt, wo die anderen
erst einmal reden.
John F. Kennedy

Wer sich entschieden hat,
etwas zu tun, und an nichts
anderes denkt, der überwindet
alle Hindernisse.
Giacomo Casanova

Geringfügige Chancen
sind oft der Beginn
großer Unternehmungen.
Demostenes

Begeisterung ist die Mutter
alles Großem.
Franz Grillparzer

Was du sagst, verweht im Wind.
Nur was du tust, schlägt Wurzeln.
K.H. Waggerl

...denn Ihre eigene Entschlossenheit ist wichtiger als alles andere.

Nur in der Rückschau,
in der Zusammenfassung
alles Erfahrenen,
besitzen wir unser
eigenes Leben ganz.
Georg Moser

Wenn wir bewahren wollen,
was wir haben,
werden wir vieles
ändern müssen.
Johann Wolfgang von Goethe

Fange nie an aufzuhören
und höre niemals auf anzufangen.
Hans Clarin

Wer nur um Gewinn kämpft,
erntet nichts,
wofür es sich zu leben lohnt.
Antoine de Saint-Exupéry

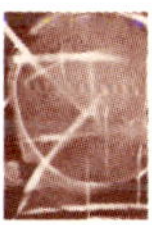

Der Eine wartet, dass die Zeit sich wandelt,
der Andere packt sie kräftig an und handelt.
Dante

Erfolgreich

Mancher Weg ist weit.
Das Ziel liegt hinterm Horizont.
Mancher Weg braucht Zeit.
Tief drin weißt du jedoch:
Er lohnt.
Jürgen Werth

Zur Geschäftseröffnung wünschen wir Ihnen immer genügend Kraft und Ausdauer auf dem Weg zu Ihrem Ziel.

Je weniger sich ändert,
um so mehr
bleibt alles beim Alten.
Sizilianisches Sprichwort

Alles was du bist,
alles was du willst,
alles was du sollst,
geht von dir selbst aus.
Johann H. Pestalozzi

Das Leben ist ein Schleifstein.
Ob er dich zermahlt oder poliert,
hängt davon ab,
aus welchem Material du gemacht bist.

Gewinn ist so notwendig
wie die Luft zum Atmen,
aber es wäre schlimm,
wenn wir nur wirtschaften würden,
um Gewinne zu machen,
wie es schlimm wäre,
wenn wir nur leben würden,
um zu atmen.

Was du für den Gipfel hältst,
ist nur eine Stufe.

...ausreichend Energie und Kraft auf dem Weg zum Gipfel.

Handeln macht vielleicht nicht immer glücklich,
aber es gibt kein Glück ohne Handeln.
Benjamin Dissadi

Bereit sein ist viel,
warten können ist mehr,
doch erst
den rechten Augenblick nützen
ist alles.
Arthur Schnitzler

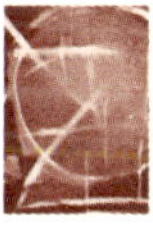

Erfolgreich

Die Zukunft hat viele Namen.
Für die Schwachen ist sie das Unerreichbare.
Für die Furchtsamen ist sie das Unbekannte.
Für die Tapferen ist sie die Chance.
Victor Hugo

Denke immer daran,
dass deine eigene Entschlossenheit,
erfolgreich zu sein,
wichtiger ist als alles andere.
Abraham Lincoln

Erfolg besteht darin,
dass man genau die Fähigkeiten hat,
die im Moment gefragt sind.
Henry Ford

Nichts ist auf der Welt so stark,
wie eine Idee,
deren Zeit gekommen ist.
Victor Hugo

...für die Zukunft viele erfolgreiche Ideen.

Zu sein, was wir sind,
und zu werden, wozu wir fähig sind,
das ist das einzige Ziel im Leben.
Robert Louis Stevenson

Die einzige Begrenzung sind
– wie immer –
die Grenzen deiner Vision.
James Broughton

Zum Erfolg gibt es keinen Lift,
man muss die Treppe benutzen.
Emil Oesch

Innehalten
Genesung

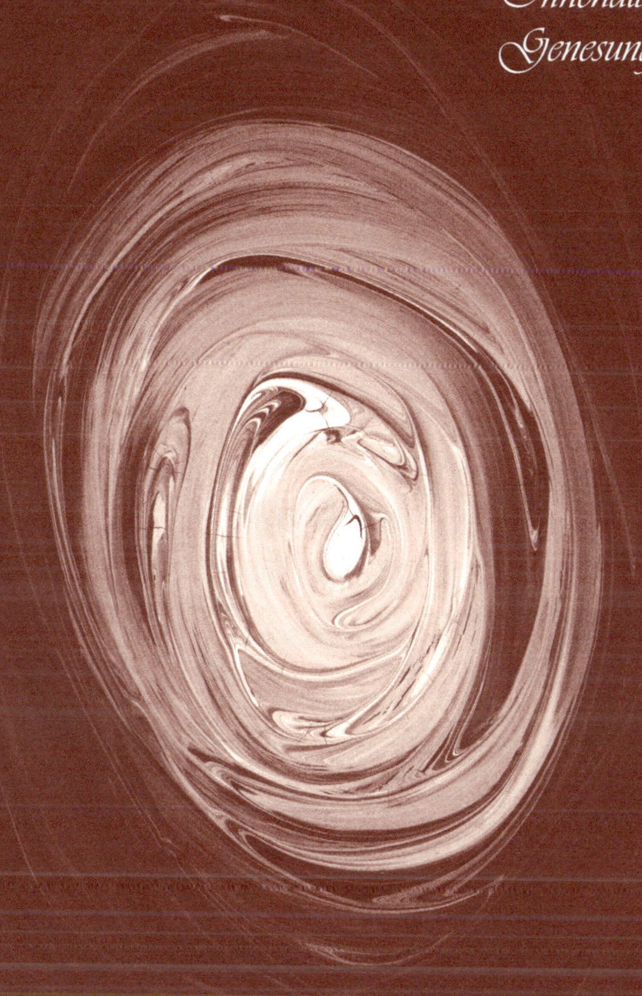

Die Schutzengel unseres Lebens
fliegen manchmal so hoch,
dass wir sie nicht mehr sehen können,
doch sie verlieren uns niemals aus den Augen.
Jean Paul Richter

Halte dir jeden Tag 30 Minuten
für deine Sorgen frei,
und in der Zeit
mache ein Nickerchen.
Abraham Lincoln

Gesund ist gewiss nicht alles,
aber ohne Gesundheit ist alles nichts.
Arthur Schopenhauer

Es ist die Zeit ein milder Gott.
Sophokles

Wer Geduld sagt,
sagt Mut, Ausdauer, Kraft.
Marie von Ebner-Eschenbach

Reicht uns das Schicksal eine Zitrone,
dann sollten wir versuchen,
Limonade daraus zu machen.
Dale Carnegie

Gib mir die Gelassenheit,
Dinge hinzunehmen,
die ich nicht ändern kann.
Gib mir den Mut,
Dinge zu ändern,
die ich ändern kann,
Und gib mir die Weisheit,
das eine vom anderen zu unterscheiden.
Friederich Christoph Oetinger

Liebe (r)....., ich wünsche dir ausreichend Gelassenheit, Mut und Weisheit.

Wer ungeduldig ist, lästert Gott.
Aus Arabien

Gegen Schmerzen der Seele
gibt es nur zwei Heilmittel:
Hoffnung und Geduld.
Pythagoras

Das Glück beruht oft nur auf dem
Entschluss, glücklich zu sein.
Lawrence Durrell

..ich schicke dir Sonnenstrahlen, damit dein Tag hell und warm wird.

Es müssen nicht Männer mit Flügeln sein, die Engel.
Sie gehen leise und müssen nicht schrein,
Oft sind die alt und hässlich und klein, die Engel.
Sie haben kein Schwert, kein weißes Gewand, die Engel.
Vielleicht ist einer, der gibt dir die Hand,
Oder er wohnt neben dir, Wand an Wand, der Engel.
Dem Hungernden hat er das Brot gebracht, der Engel.
Dem Kranken hat er das Bett gemacht,
Er hört, wenn du ihn rufts in der Nacht, der Engel.
Er steht im Weg und er sagt: Nein, der Engel,
Groß wie ein Pfahl und hart wie ein Stein
Es müssen nicht Männer mit Flügeln sein, die Engel.
Rudolf Otto Wiemer

Ein nebliger Morgen ist
noch kein wolkiger Tag.
Aus den USA

Hoffnung ist eine Art von Glück;
vielleicht das größte Glück,
das diese Welt bereit hält.
Samuel Johnson

Wenn man lange genug wartet,
wird das schönste Wetter.
Aus Japan

Die einzige Methode, gesund zu bleiben,
besteht darin, zu essen, was man nicht mag,
zu trinken, was man verabscheut,
und zu tun, was man lieber nicht täte.
Mark Twain

Was man nicht aufgibt,
hat man nie verloren.
Friedrich von Schiller

Die Geduld nicht verlieren,
auch wenn es unmöglich scheint,
das ist Geduld.
Aus Japan

Im Bitteren findest du Süßigkeit.
Aus Madagaskar

Das schwere Herz wird nicht durch Worte leicht.
Friedrich von Schiller

Die Kraft zum Leben fängt immer an,
wo die Kraft zum Leben aufhört.
Friedrich Hebbel

..viel Kraft und Mut für dich,
das wünschen wir dir.

Nur,
wer verzagend
das Steuer loslässt,
ist im Sturm verloren.
Geibel

Zusammenbrüche sind die Arme der Engel,
die uns vor uns selbst bewahren.
Hans Arndt

Betrachte alles von der guten Seite.
Thomas Jefferson

Solange es das noch gibt,
diesen wolkenlosen blauen Himmel,
darf ich nicht traurig sein.
Anne Frank

Es macht die Wüste schön,
dass sie irgendwo einen Brunnen birgt.
Antoine de Saint-Exupéry

Wir hoffen immer auf den nächsten Tag.
Wahrscheinlich erhofft sich
der nächste Tag einiges von uns.
Ernst R. Hauschka

Wir werden vom Schicksal
hart oder weich geklopft;
es kommt auf das Material an.
Marie von Ebner-Eschenbach

Drei Dinge helfen,
die Mühseligkeiten des Lebens zu tragen:
Die Hoffnung, der Schlaf und das Lachen.
Immanuel Kant

Es kommt darauf an,
den Körper mit der Seele und
die Seele durch den Körper zu heilen.
Oscar Wilde

Willst du das Glück kennen lernen, werde so still,
dass du das Öffnen der Blüte hörst.
Aus Japan

Liebe (r).....vertraue Gott...

Eine Freude vertreibt hundert Sorgen.
Japanische Weisheit

Gesundheit ist wie das Salz:
Man bemerkt es nur, wenn es fehlt.
Aus Italien

In der einen Hälfte des Lebens
opfern wir unsere Gesundheit,
um Geld zu erwerben.
In der anderen Hälfte
opfern wir Geld,
um die Gesundheit wiederzuerlangen.
Voltaire

Gott, was ist Glück!
Eine Grießsuppe, eine Schlafstelle und
keine körperlichen Schmerzen –
das ist schon viel.
Theodor Fontane

Alles hat zwei Seiten, und davon
ist mindestens eine positiv.
Bernd Hansen

Krankheiten, besonders langwierige,
sind Lehrjahre der Lebenskunst
und der Gemütsbildung.
Novalis

Glücklich, dass das Schicksal, das uns quälet
uns doch nicht verändern mag.
Johann Wolfgang von Goethe

Glück entsteht oft durch Aufmerksamkeit
in kleinen Dingen, Unglück oft durch
Vernachlässigung kleiner Dinge.
Wilhelm Busch

Harre, hoffe. Nicht vergebens
zählest du der Stunden Schlag:
Wechsel ist das Los des Lebens,
und - es kommt ein anderer Tag.
Theodor Fontane

..alles hat seine Zeit, liebe (r).....,
und auch für dich kommt ein anderer Tag.

Alles nimmt ein gutes Ende
für den, der warten kann.
Leo N. Tolstoi

Unser Schicksal tragen, heißt es besiegen.
Edward George Bulwer-Lytton

Im Licht sein
Weihnachten & Silvester

Im Licht sein

Der Stern hat sich nicht geirrt,
als er stehen blieb
über dem Haus der kleinen Leute.
Dort ist die große Zukunft geboren.
Klaus Hemmerle

Es ist besser ein Licht anzuzünden,
als über die Dunkelheit zu schimpfen.

Lasst uns miteinander gehen...
auf dem Wege,
Schritt für Schritt,
Schritt für Schritt,
Mut und Weite
teilen wir uns mit,
Leben aus der Hoffnung.
Christa Peikert

Die hellsten Weihnachtslichter
sind die, welche wir
mit unserer Liebe anzünden.

Schöne und erfüllte Weihnachten und einen guten Jahreswechsel wünschen Ihnen...

Wer für den anderen nur Worte hat,
der hat für ihn kein Herz.
Wer aber für den anderen ein Herz hat,
der hat auch Worte für ihn.
Klaus Hemmerle

Wir brauchen nicht so fort zu leben, wie wir gestern gelebt haben. Macht euch von dieser Anschauung los, und tausend Möglichkeiten laden uns zu neuem Leben ein.
Christian Morgenstern

Wir sollten Brücken bauen
von der Erde zum Himmel,
damit das Licht der Weihnacht
hell leuchte
in das Dunkel unserer Erde
und uns den Weg zeige
zu Frieden und Eintracht.

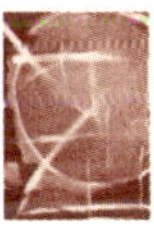

Wende dich, du kleiner Stern,
Erde wo ich lebe,
Dass mein Aug, der Sonne fern,
Sternenwärts sich hebe!
Gottfried Keller

**Am Ende des Jahres hält man Rückschau.
Nun ist es an der Zeit Danke zu sagen.**

Wir selber müssen hell werden,
wenn die Welt ein klein wenig
heller werden soll.
Reinhold Schneider

Unwichtig
Wolken
Blumen
Stunden des Glücks
zählen zu wollen
Wolken ziehen weiter
Blumen verblühen
Stunden des Glücks vergehen

Wichtig aber
sie überhaupt
zu sehen
zu erkennen
zu genießen
sie in den Gedanken zu bewahren
M. Bickler

...dass Sie die kleinen Freuden des Lebens erkennen können, um dann die Stunden des Glücks zu genießen, in Ihren Gedanken zu bewahren und an trüben Tagen sich daran zu erinnern, das wünschen wir Ihnen für jetzt und immer.

1 Öchse
1 Esel
1 Kind
1 Maria
1 Joseph
3 Könige
7 Schäfer
10 Schafe
----
25. Dezember

behutsam
einer
kostbaren
zeit
glanz
verleihen

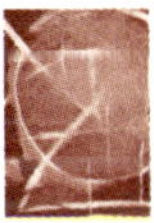

Wir wünschen eine kostbare Adventszeit

Im Licht sein

Ein Lächeln
Es kostet nichts und bringt viel ein.
Es bereichert den Empfänger, ohne den Geber ärmer zu machen.
Es ist kurz wie ein Blitz, aber die Erinnerung daran ist oft unvergänglich.
Keiner ist so reich, dass er darauf verzichten könnte, und keiner so arm, dass er es sich nicht leisten könnte.
Es bringt Glück ins Heim, schafft guten Willen im Geschäft und ist das Kennzeichen der Freundschaft.
Es bedeutet für den Müden Erholung, für den Mutlosen Ermunterung, für den Traurigen Aufheiterung und ist das beste Mittel gegen Ärger.
Man kann es weder kaufen noch erbitten, noch leihen oder stehlen, denn es hat erst dann einen Wert, wenn es verschenkt wird.

Dort ist Christus geboren,
wo Menschen beginnen,
menschlich zu handeln
und sich besinnen,
die Welt zu verwandeln.
Kurt Rommel

Zur Weihnachtszeit wünschen wir Ihnen Zeit zum Verweilen und Besinnen.

Es wird zeit...
als hätten wir eine ewigkeit zeit
so verplanen wir unsere tage.

zeit ist geld
ist eine wahrheit, eine andere
zeit ist leben.

wenn wir uns keine zeit nehmen
zum betrachten und kennenlernen
zum verweilen und nachdenken
verlernen wir zu leben.

wir verschieben alles auf morgen
auf nächstes jahr
auf später
als hätten wir eine ewigkeit zeit.
Anne Steinwart

Güte in den Worten
erzeugt Vertrauen.
Güte beim Denken
erzeugt Tiefe.
Güte beim Verschenken
erzeugt Liebe.
Laotse

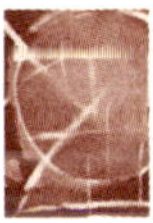

Im Licht sein

Hoffnungswünsche
Ich sage zu dem Engel,
der an der Pforte
des neuen Jahres steht:
Gib mir ein Licht, damit ich
sicheren Fußes
der Ungewissheit
entgegen gehen kann.
Er aber antwortete mir:
Gehe nur in die Dunkelheit
und lege deine Hand
in die Hand Gottes;
das ist besser als ein Licht
und sicherer
als ein bekannter Weg.
Aus China

Eine ruhige und besinnliche Weihnachtszeit und für das neue Jahr Glück, Gesundheit und immer einen Blick für das Wesentliche wünscht Ihnen

Von guten Mächten treu und still umgeben
behütet und getröstet wunderbar,
so will ich diese Tage mit euch leben
und mit euch gehen in ein neues Jahr.
Dietrich Bonhoeffer

Weihnachten
hat vor allem etwas mit Kindern zu tun,
mit einem Kind in der Krippe,
mit unseren Kindern, mit dem Kind in uns.

Weihnachten
hat vor allem etwas mit Liebe zu tun,
mit Güte und Vertrauen,
mit Verständnis und Zärtlichkeit,
mit geöffneten Armen.

Weihnachten
hat vor allem etwas mit Neuanfang zu tun,
mit unseren eigenen kleinen Schritten
heraus aus der Erstarrung,
hin zum LICHT.
Uta Latendorf

Es wird Weihnachten
vergessen wir den Lärm der Welt.
Es ist an der Zeit
wieder einmal Ruhe zu gewinnen,
Kraft zu schöpfen und sensibel zu werden
für die scheinbar kleinen Dinge,
die uns nachdenklich machen.

Wann ist Weihnachten?
Jedes Mal, wenn zwei Menschen einander verzeihen,
ist Weihnachten.
Jedes Mal, wenn ihr einem Menschen helft,
ist Weihnachten.
Jedes Mal, wenn jemand beschließt, einfach zu leben,
ist Weihnachten.
Jedes Mal, wenn ein Kind geboren wird,
ist Weihnachten.
Jedes Mal, wenn du versuchst,
deinem Leben einen neuen Inhalt zu geben,
ist Weihnachten.
Jedes Mal, wenn zwei Menschen sich wirklich lieben,
ist Weihnachten.
Jedes Mal, wenn ihr einander anseht
mit den Augen des Herzens,
mit einem Lächeln auf den Lippen,
ist Weihnachten.

Denn es ist geboren die Liebe.
Denn es ist geboren der Friede.
Denn es ist geboren die Gerechtigkeit.
Denn es ist geboren die Hoffnung.
Denn es ist geboren die Freude.
Denn es ist geboren Christus, der Herr.
Aus Brasilien

Wir wünschen Ihnen besinnliche Weihnachtstage, ein harmonisches Fest und ein erfolgreiches neues Jahr.

Nicht das Wünschen
gibt dem Leben Sinn,
sondern das Danken.
F. Herter

Der Stern von Bethlehem ist ein Stern
in dunkler Nacht - auch heute noch.
Edith Stein

...in allem Dunkel den Stern finden - das wünschen wir Ihnen zum Weihnachtsfest und für alle Schritte im nächsten Jahr.

Keiner von uns steigt zum Himmel auf.
Irgendwo endet unsere Stufe.
Deshalb kam einer von oben.
Er verbindet den Himmel und die Erde.
Paul Klever

Nicht müde werden
sondern dem Wunder
leise wie einem Vogel
die Hand hinhalten.
Hilde Domin

Schenken
Und wenn du sonst nichts hättest,
so hast du doch so viel,
was du anderen schenken könntest:
ein liebes, anerkennendes Wort.
Es bereichert den, der es empfängt,
ohne den ärmer zu machen, der es schenkt.

Es kostet ein wenig Mühe,
nur einen Augenblick –
aber die Erinnerung daran dauert ewig.
Keiner von uns ist so reich und mächtig,
als dass er ohne dieses liebe Wort
des anderen auskäme.
Phil Bosmans

Wir grüßen Sie ganz herzlich und sagen Dank für das zurückliegende Jahr.

Ein neues Jahr hat seine Pflichten,
ein neuer Morgen ruft zur frischen Tat.
Stets wünsche ich ein fröhliches Verrichten
und Mut und Kraft zur Arbeit früh und spat.
Johann Wolfgang von Goethe

Manche Menschen wissen nicht,
wie wichtig es ist, dass sie einfach da sind.

Manche Menschen wissen nicht,
wie gut es tut, sie nur zu sehn.

Manche Menschen wissen nicht,
wie tröstlich ihr gütiges Lachen wirkt.

Manche Menschen wissen nicht,
wie wohltuend ihre Nähe ist.

Manche Menschen wissen nicht,
wie viel ärmer wir ohne sie wären.

Manche Menschen wissen nicht,
dass sie ein Geschenk des Himmels sind.

Sie wüssten es,
würden wir es ihnen sagen.

Schön das es dich gibt.
Paul Celan

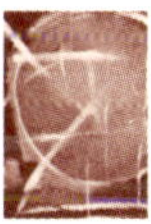

Nicht das Denken erlöst die Welt,
sondern die Liebe.
M. Kyber

Im Licht sein

Jeder Mensch hat seine Geschichte
Du die Deine
Ich die Meine
Wir die Unsere
Ihr die Eure
Mal die Arme
Mal die Teure
Tragische und lustige
Leichte, schwere, böse, gute
Gerechte, dass das Herz nicht blute
Hohe, Tiefe, Sein und Sinn
Bei denen ich oft traurig bin.
Fröhliche und komische,
Denen wir so gerne lauschen
Und auch untereinander tauschen.
Dass sich keiner daran verletzt,
Du an meiner, ich an deiner,
Ihr an unserer , wir an eurer
Bis wir dann das Ziel erreichen:
Und wir sehen zu guter Letzt,
Dass sich unsere Geschichten gleichen
Und wir froh nach Hause gehen
Und guten Mutes der Zukunft entgegensehn.
Hanns-Dieter Hüsch

Das neue Jahr ist wie ein Berg, den du erklettern musst.
Ich wünsche dir, dass du dich nicht versteigst,
dass jemand da ist, der dich an der Hand führt,
wenn es steil und gefährlich wird.

Das neue Jahr liegt vor dir,
wie ein noch nicht geknüpfter Teppich.
Ich wünsche dir viele gute Ideen,
damit ein schönes Muster zustande kommt.

Das neue Jahr ist wie der Anfang einer Freundschaft.
Ich wünsche dir, dass du nie alleine sein musst,
dass du dich mit allen gut verstehst,
denen du begegnest,
dass du ihnen selbst ein guter Freund bist.

Die Liebe allein versteht das Geheimnis,
andere zu beschenken
und dabei selbst reich zu werden.
Clemens Brentano

Advent ist eine Zeit der Erschütterung,
in der der Mensch wach werden soll
zu sich selbst.
Alfred Delp

Es kommt darauf an,
dass Hoffen zu lernen.
Ernst Bloch

Ein Jahr neigt sich dem Ende. Was bleibt, sind viele offene Fragen. Aber der Mensch neigt dazu sich Hoffnung zu bewahren. Nutzen wir die Zeit um im Kreise unserer Familien schöne und besinnliche Weihnacht zu genießen.

mensch ärgere dich nicht...
... über vergangenes
... über entschiedenes
... über fehltritte.

mensch resigniere nicht...
... sieh nach vorn
... entscheide neu
... mach einen schritt

mensch freue dich...
... du lebst
... du bist
... du kannst.

mensch tu`s
Susanne Wurst

Wann fängt Weihnachten an?
Wenn der Schwache dem Starken die Schwäche vergibt,
wenn der Starke die Kräfte des Schwachen liebt,
wenn der Habewas mit dem Habenichts teilt,
wenn der Laute bei dem Stummen verweilt und begreift,
was der Stumme ihm sagen will,
wenn das Leise laut wird und das Laute still,
wenn das Bedeutungsvolle bedeutungslos,
das scheinbar Unwichtige wichtig und groß,
wenn mitten im Dunkel ein winziges Licht Geborgenheit,
helles Licht verspricht,
und du zögerst nicht,
sondern du gehst so wie du bist, darauf zu,
dann, ja dann, fängt Weihnachten an.

Tu was
Du kommst nirgendwo an,
wenn du nicht losgehst.
Dir öffnet sich keine Tür,
wenn du nicht anklopfst
– auch wenn du tausendmal
davon sprichst.
Bettina von Arnim

Der Neujahrstag ist der Geburtstag
eines jeden Menschen.
Charles Lamb

Der Kreis schließt sich
Trauer

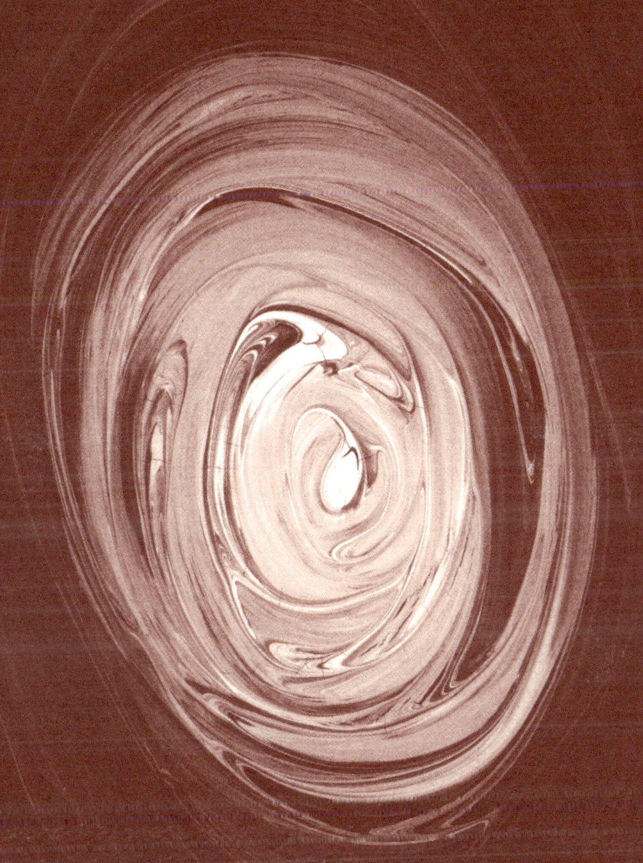

Der Kreis schließt sich

Ich glaube, dass wenn der Tod
unsere Augen schließt,
wir in einem Lichte stehn,
von welchem unser Sonnenlicht
nur Schatten ist.
Arthur Schopenhauer

In diesen schweren Stunden
kann unser Trost nur darin bestehen,
liebevoll zu schweigen und
schweigend mit zu leiden.

Sterben ist das Auslöschen
der Lampe im Morgenlicht,
nicht das Auslöschen der Sonne.
Tagore

Ein guter, edler Mensch, der mit uns gelebt,
kann uns nicht genommen werden;
er lässt eine leuchtende Spur zurück.
Thomas Carylle

Der Tod ist kein Abschnitt des Daseins,
sondern nur ein Zwischenereignis,
ein Übergang aus einer Form
des endlichen Wesens in eine andere.
Wilhelm Freiherr von Humboldt

**Wir alle trauern mit Ihnen.
Mögen Sie alle genügend Kraft finden diese schwere Zeit zu überstehen.**

Jeder Tag ist der Anfang des Lebens.
Jedes Leben der Anfang der Ewigkeit.
Rainer Maria Rilke

Nichts tröstet mächtiger als die Gewissheit
mitten im Elend von der Liebe Gottes
umfangen zu werden.
Johannes Calvin

Denn vor und nach dem irdischen
Leben gibt es kein irdisches, aber
doch ein Leben.
Jean Paul

In dem Moment, in dem man erkennt,
dass den Menschen, den man liebt,
die Kraft zum Leben verlässt,
wird alles still.

Unsere Worte können nur ein wenig Trost spenden. Nur die Zeit lehrt das Unbegreifliche zu verstehen.

Der Kreis schließt sich

Die Erinnerung ist das einzige Paradies,
aus dem wir nicht vertrieben werden können.
Dietrich Bonhoeffer

Der Gedanke an die Veränderlichkeit
aller irdischen Dinge
ist ein Quell unendlichen Leids
und ein Quell unendlichen Trostes.
Marie von Ebner-Eschenbach

Erinnerungen,
die unser Herz berühren,
gehen niemals verloren.

Das Leben ist ein Geschenk, das wir
verdienen, indem wir es hingeben.
Tagore

Da ist ein Land der Lebenden
und ein Land der Toten,
und die Brücke zwischen ihnen
ist die Liebe -
das einzig Bleibende,
der einzige Sinn.
Thornton Wilder

Das schönste Denkmal,
das ein Mensch bekommen kann,
steht in den Herzen
der Mitmenschen.
Albert Schweitzer

Das einzig Wichtige im Leben
sind die Spuren von Liebe,
die wir hinterlassen,
wenn wir weggehen.
Albert Schweitzer

Lass vergehen
Lass vergehen,
was vergeht!
Es vergeht,
um wiederzukehren,
es altert,
um sich zu verjüngen,
es trennt sich,
um sich inniger
zu vereinen,
es stirbt,
um lebendiger
zu werden.
Friedrich Holderlin

Der Kreis schließt sich

Alles hat seine Zeit,
die Zeit der Liebe,
der Freude und des Glücks,
die Zeit der Sorgen und des Leids.
Es ist vorbei. Die Liebe bleibt.

Man trägt das vergangene Schöne
nicht wie einen Stachel,
sondern wie ein kostbares Geschenk in sich.
Dietrich Bonnhoeffer

Keiner wird gefragt
wann es ihm recht ist
Abschied zu nehmen
von Menschen
Gewohnheiten
sich selbst

irgendwann
plötzlich heißt es
ihn aushalten
annehmen
diesen Abschied
diesen Schmerz des Sterbens

Begrenzt ist das Leben,
doch unendlich die Erinnerung

Es weht der Wind ein Blatt vom Baum,
von vielen Blättern eines.
Das eine Blatt, man merkt es kaum,
denn eines ist ja keines.
Doch dieses eine Blatt allein
bestimmte unser Leben.
Drum wird dies eine Blatt allein
uns immer wieder fehlen.

Sterben ist nur ein Umziehen
in ein schöneres Haus

Das Letzte ist nicht Tod,
sondern Auferstehung,
und am Ende steht nicht Verlust,
sondern Vollendung des Lebens.

Glaube an den Sinn des Lebens.
Zweifle nicht,
wenn Schmerz dein Herz bedrückt.
Auch wenn deine Seele weint,
sei dir immer gewiss,
dass du eines Tages verstehst.

Der Kreis schließt sich

Die Gedanken der Erinnerung,
bilden eine Brücke über das Leben hinaus.
Michael Plener

Du versuchst, o Sonne, vergebens
Durch die düstren Wolken zu scheinen:
Der ganze Gewinn meines Lebens
Ist, seinen Verlust zu beweinen.
Johann Wolfgang von Goethe

Ein Mensch ist in seinem Leben wie ein Gras,
er blüht wie eine Blume auf dem Felde;
wenn der Wind darüber geht,
so ist sie nimmer da,
und ihre Stätte kennet sie nicht mehr.
Die Gnade des Herrn währt
von Ewigkeit zu Ewigkeit.
Psalm 103, 15f

Erinnerungen sind kleine Sterne,
die tröstend in das Dunkel
unserer Trauer leuchten.

O Herr, gib jedem seinen eignen Tod,
Das Sterben, das aus jenem Leben geht,
darin er Liebe hatte, Sinn und Not.
Rainer Maria Rilke

Die Zeit, Gott zu suchen, ist dieses Leben.
Die Zeit, Gott zu finden, ist der Tod.
Die Zeit, Gott zu besitzen, ist die Ewigkeit.

Der Adler besucht die Erde,
doch säumt nicht,
schüttelt vom Flügel den Staub
und kehrt zur Sonne zurück!
Matthias Claudius

Einschlafen dürfen, wenn man müde ist,
und eine Last fallen lassen dürfen,
die man lange getragen hat,
das ist eine köstliche, wunderbare Sache.
Hermann Hesse

Sie/Er hat viele Spuren der Liebe und Fürsorge hinterlassen. Er/Sie wird stets in uns lebendig bleiben.

Als Gott sah,
dass der Weg zu lang,
der Hügel zu steil
das Atmen zu schwer wurde,
legte er seinen Arm um dich
und sprach: „Der Friede sei mit Dir“.

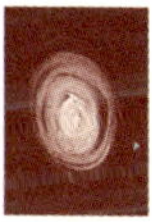

Der Kreis schließt sich

Alles hat seine Zeit.
Es gibt eine Zeit der Stille,
eine Zeit des Schmerzes und der Trauer,
aber auch eine Zeit
der dankbaren Erinnerung.

Wir trauern mit Ihnen. Möge Ihnen die Hoffnung Kraft spenden, dass nach dieser schweren Zeit wieder wärmende Strahlen in Ihr Leben treten..

Ihr habt jetzt Trauer,
aber ich werde euch wieder sehen
und euer Herz wird sich freuen.
Johannes 16,22

Es ist schwer die richtigen Worte zu finden, doch in Gedanken sind wir immer bei Ihnen.

Alles Wachsen ist ein Sterben,
jedes Werden ein Vergehen.
Alles Lassen ein Erleben,
jeder Tod ein Auferstehn.
Tagore

Leuchtende Tage –
nicht weinen, weil sie vorüber,
sondern lächeln, weil sie gewesen.

Wir gehen in ein glücklicheres Land.
Da lacht ein milder, nie bewölkter Himmel
Und leichtre Lüfte wehen, und sanftre Sitten
Empfangen uns, da wohnen die Gesänge
Und schöner blüht das Leben und die Liebe.
Friedrich Schiller

Wer andere kennt, ist klug.
Wer sich selbst kennt, ist weise.
Wer andere besiegt, hat Kraft.
Wer sich selbst besiegt, ist stark.
Wer sich durchsetzt, hat Willen.
Wer sich begnügen kann, ist reich.
Wer seinen Platz nicht verliert, hat Dauer.
Wer auch im Tod nicht untergeht, der lebt.
Laotse

Ein unvergesslicher Mensch hat uns verlassen. In aufrichtiger Anteilnahme möchten wir unsere Trauer ausdrücken und helfen den Schmerz zu ertragen.

Und wenn du dich
getröstet hast,
wirst du froh sein,
mich gekannt zu haben.
Antoine de Saint-Exupery

Der Kreis schließt sich

Das größte Geheimnis ist das Leben.
Das tiefste Geheimnis ist die Ewigkeit.
Das schönste Geheimnis ist die Liebe.
Geheimnis, dem selbst der Tod
machtlos gegenüber steht.

Mit dem Tode eines Menschen
verliert man vieles,
niemals aber die mit ihm verbrachte Zeit.

Alles hat seine Stunde
Alles hat seine Stunde und seine Zeit:
Eine Zeit geboren zu werden und eine Zeit zu sterben.
Eine Zeit zu lachen und eine Zeit zu weinen.
Eine Zeit zu reden und eine Zeit zu schweigen.
Eine Zeit beisammen zu sein und eine Zeit sich zu trennen.
Prediger Salomon, Kap. 3

Das kostbarste Vermächtnis eines Menschen
ist die Spur, die seine Liebe in unseren Herzen
zurückgelassen hat.

**Der Tod ist das Ende des Lebens, nicht aber
das Ende einer Verbindung, die in den Herzen
und Gedanken der Überlebenden bestehen bleibt.**

Wenn durch einen Menschen
ein wenig mehr Liebe und Güte,
ein wenig mehr Licht und Wahrheit
in der Welt war,
dann hat sein Leben einen Sinn gehabt.
Marie von Ebner-Eschenbach

Die Hoffnung gibt die Kraft
zum Weiterleben.
Die Liebe gibt die Stärke
zum Überwinden der Trauer.
Der Glaube ist das tröstende,
durch Wolken strahlende Licht.

arsEdition; Das Geburtstagsbuch, München 1995

Bergmann, Fabian; Worte wie Sonnenschein,
Verlag Herder, Freiburg 2002

Flume, José; Pantoffel oder Lackschuh,
WESSP Verlag Nürnberg 2003

Flume, José; Führungsakrobatik,
WESSP Verlag, Nürnberg 2003

Multhaupt, Hermann; Mögest du immer ein Kissen für deinen Kopf haben, Grünewald-Verlag, Mainz 1998

Noll, Hajo; Wegweiser zum Erfolg,
Königsteiner Wirtschaftsverlag 1991

Puntscg, Eberhard; Das neue Zitatenbuch,
Weltbild Verlag, Augsburg 1995

Tange, Ernst Günter; Zitatenschatz der Liebe,
Eichborn, Frankfurt 2000

Toma, Hildegard; Ein Schutzengel für dich,
Coppenrath, Münster 2001

Wolff, Ann; Von Abschied bis Zärtlichkeit;
Mosaik Verlag, München 2000